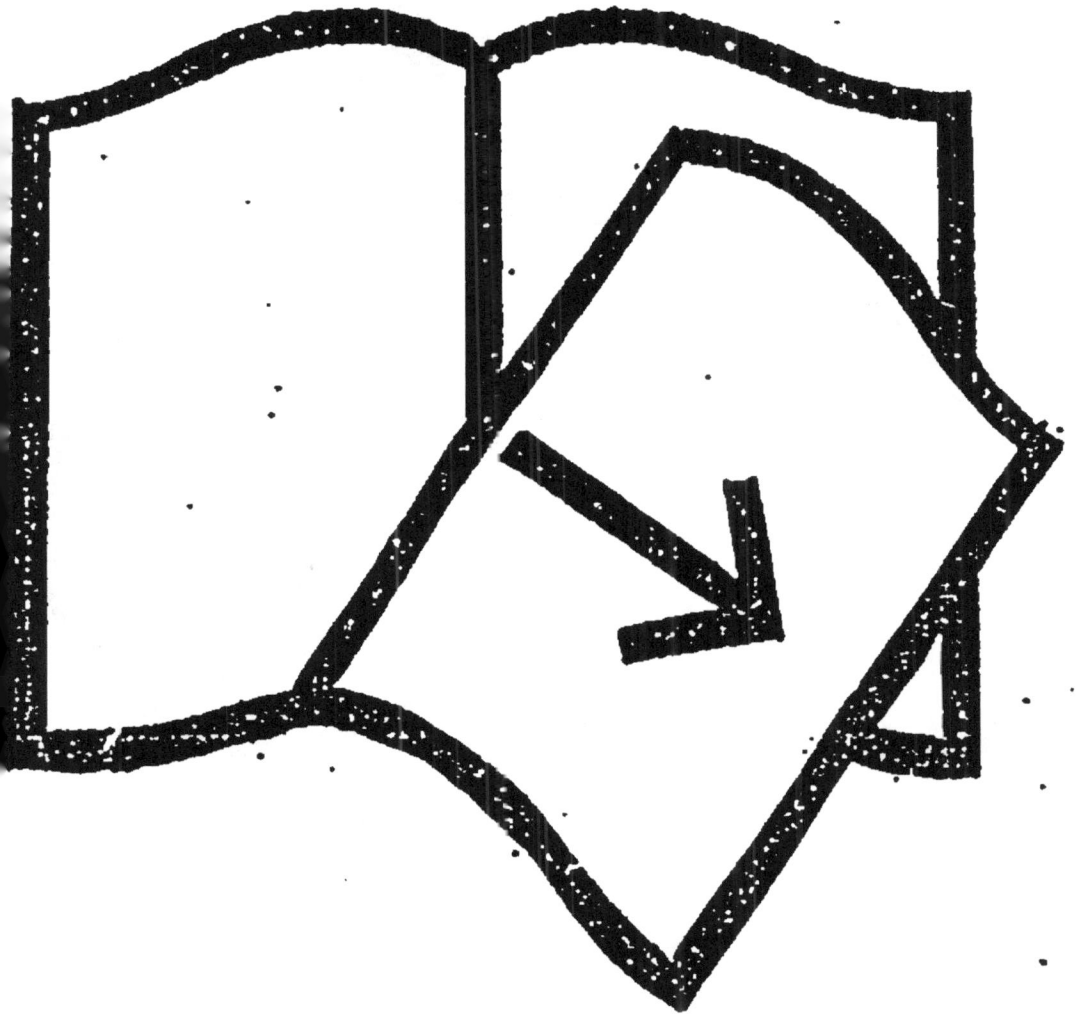

Couverture inférieure manquante

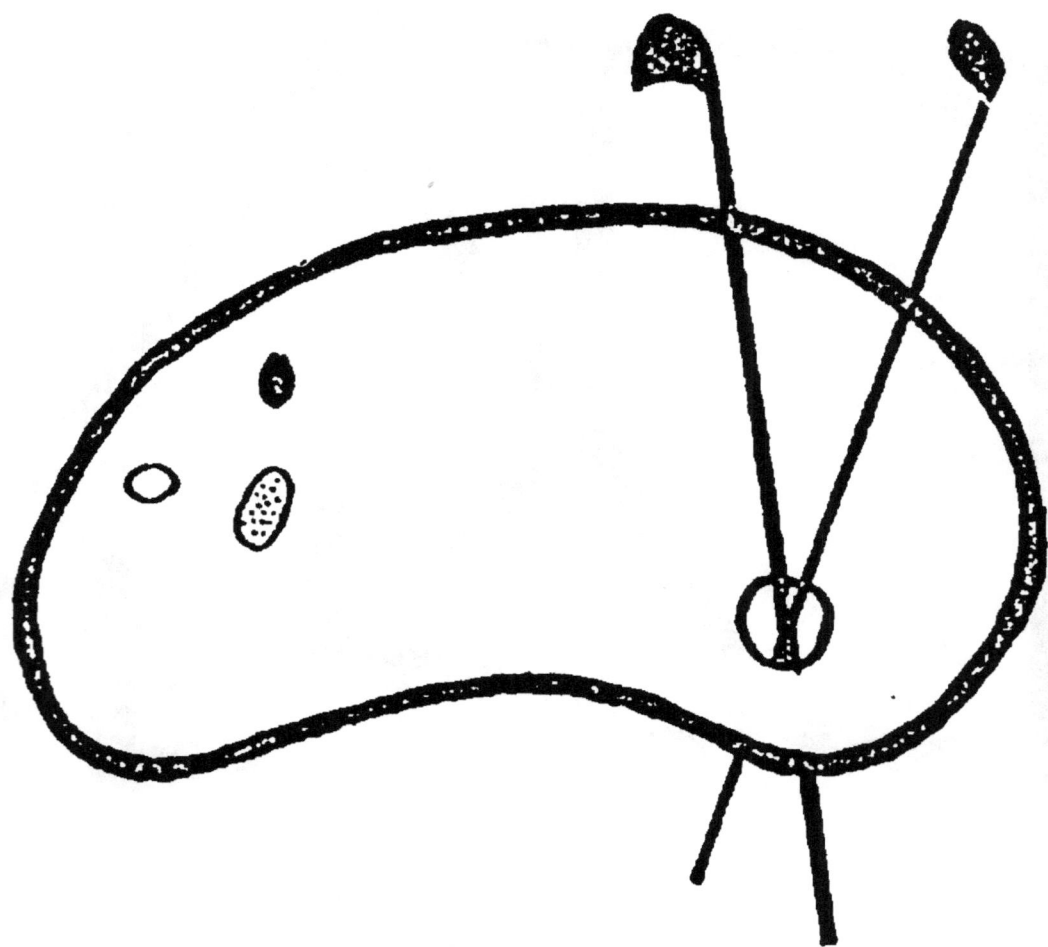

DEBUT D'UNE SERIE DE DOCUMENTS
EN COULEUR

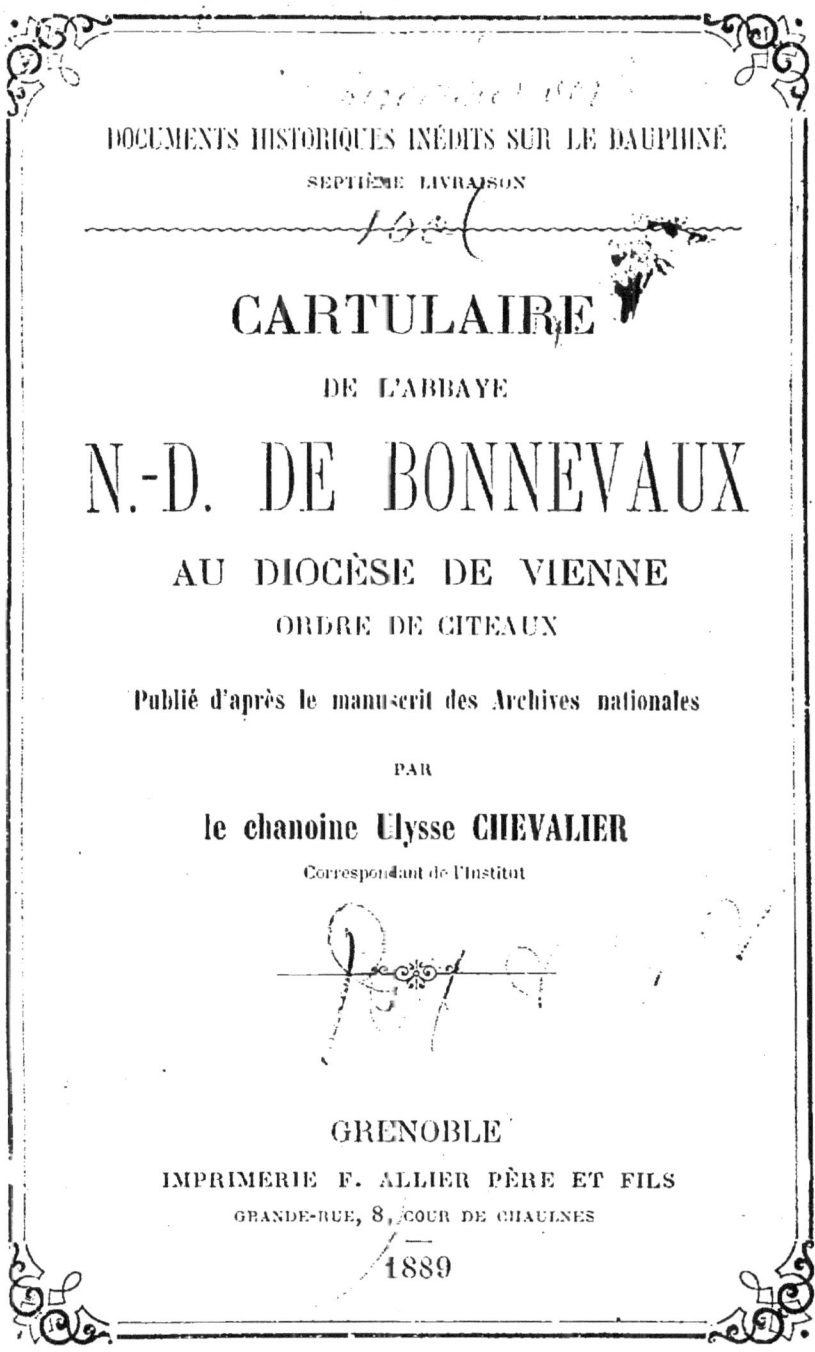

DOCUMENTS HISTORIQUES INÉDITS SUR LE DAUPHINÉ

SEPTIÈME LIVRAISON

CARTULAIRE

DE L'ABBAYE

N.-D. DE BONNEVAUX

AU DIOCÈSE DE VIENNE

ORDRE DE CITEAUX

Publié d'après le manuscrit des Archives nationales

PAR

le chanoine Ulysse CHEVALIER

Correspondant de l'Institut

GRENOBLE

IMPRIMERIE F. ALLIER PÈRE ET FILS

GRANDE-RUE, 8, COUR DE CHAULNES

1889

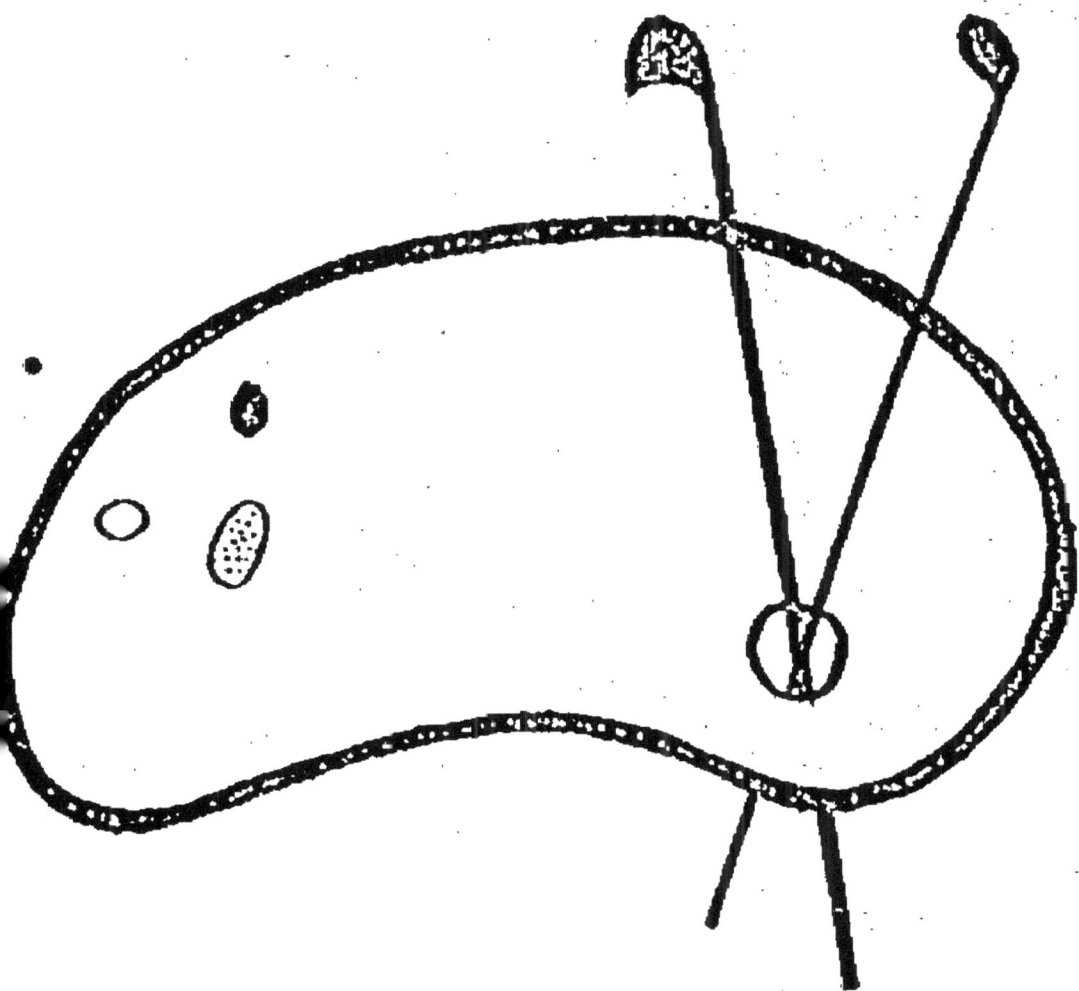

FIN D'UNE SERIE DE DOCUMENTS
EN COULEUR

DOCUMENTS HISTORIQUES INÉDITS SUR LE DAUPHINÉ

SEPTIÈME LIVRAISON

CARTULAIRE

DE L'ABBAYE

N.-D. DE BONNEVAUX

AU DIOCÈSE DE VIENNE

ORDRE DE CITEAUX

Publié d'après le manuscrit des Archives nationales

PAR

le chanoine Ulysse CHEVALIER

Correspondant de l'Institut

GRENOBLE

IMPRIMERIE F. ALLIER PÈRE ET FILS

Grande-Rue, 8, cour de Chaulnes

1889

CARTULAIRE

DE L'ABBAYE

N.-D. DE BONNEVAUX

AU DIOCÈSE DE VIENNE

ORDRE DE CITEAUX

PUBLIÉ D'APRÈS LE MANUSCRIT DES ARCHIVES NATIONALES

PAR

le chanoine ULYSSE CHEVALIER

Correspondant de l'Institut.

Le Cartulaire de l'abbaye de Bonnevaux est demeuré jusqu'ici inconnu aux historiens du Dauphiné. C'est aux recherches et à la complaisance de M. Théoph. Dufour[1] que j'en dus le signalement (en 1872) dans un carton des Archives nationales, qui porte au dos: Trésor des Chartes. | II Supplément. | Dauphiné. | J. 841. *Ce n'est ni un original ni une copie intégrale[2]: on a supprimé toutes les formules et les*

---

[1] *Alors élève de notre École des Chartes, aujourd'hui directeur de la bibliothèque publique de Genève.*

[2] *Cette double circonstance l'a sans doute fait exclure de l'Inventaire sommaire et tableau méthodique des fonds conservés aux Archives nationales (1871); on le chercherait vainement dans la Table alphabétique (1875). Bon nombre de chartes sont cependant copiées intégralement* (ut jacet, prout jacet).

2

*détails jugés sans intérêt pour l'histoire et la géographie.
Mais l'exactitude de la transcription nous est assurée par le
nom de l'érudit qui l'a fait exécuter et l'a même collationnée
en partie de sa main : le généalogiste d'Hozier de Sérigny[1].
La communication des originaux semble avoir été sollicitée en
vue de l'Histoire généalogique de la maison de Beaumont en
Dauphiné[2] : les chartes concernant cette famille sont signalées
en marge et transcrites sans suppressions[3]; on trouve d'ailleurs
des extraits de ce Cartulaire dans l'ouvrage de l'abbé Brizard[4].
Il n'y a pas lieu de rechercher comment cette copie est allée
échouer aux* Archives nationales, *assez pauvres en documents
anciens sur le Dauphiné. Le service qu'elle rendra à notre
histoire provinciale sera d'autant plus apprécié que les archives du monastère de Bonnevaux ont été brûlées le 29 juillet 1789 : les épaves qu'a recueillies la préfecture de l'Isère
proviennent plutôt de la Grande-Chartreuse.*

*Bonnevaux possédait deux Cartulaires, probablement tous
les deux du XIVe siècle. En deux cahiers cousus ensemble,
l'un de sept feuillets, l'autre de trois, se trouve l'Abbrégé du
Cartulaire* de l'abbaye de Bonnevaux n° 1, dont l'écriture
paroit uniforme à celle de la fin de 1200 ou du commencement de 1300[5].

F^{os} 1 et 2, la table. —F° 2 v° = n° 1. — F° 3, Bulle de l'empereur Frédéric, de l'an 1178   n° 2. — F° 5, Bulle d'Alexandre III pape, portant confirmation de différens dons faits à

---

[1] *On peut fixer assez exactement la date de ce travail à l'année
1755, en comparant les n°s 1069 et 1071 de l'Inventaire des archives
Dauphinoises de* M. Henry Morin-Pons (1878, pp. 279-80). — *Une
transcription analogue du Cartulaire* de la Chartreuse de Saint-
Hugon en Savoie *fut faite pour d'Hozier de Sérigny et collationnée
par lui en 1757 ; elle fait partie du cabinet historique de* M. Morin-
Pons. *Feu Eugène* BURNIER *l'a publiée dans les Mém.* de l'Acad. de
Savoie (1869, 2e série, t. XI, pp. 251-366, cf. pp. 3-5).
[2] *Paris, 1779, 2 vol. in-folio.*
[3] *N°s 65 et 314 : de Beliomonte.*
[4] *Tome II, p. 10.*
[5] Dom VILLEVIEILLE, *qui a analysé (en franç.) les n°s 142 et 153
à l'article* Buffavent *ou* Buffevent *de son Trésor généalogique (Bibl.
nation., mss.) le désigne simplement ainsi :* Cartulaire en parchemin
aux archives de l'abbaye de Bonnevaux.

Bonnevaux, de l'an 1170 = n^o *3*. — F° 7 v° = n^o *4*. — F°
eodem = n° 5. — F° 10 = n^o *6*. — F° 11 v° = n° 7. — F° 14 =
n^o *8*. — F° 14 v° = n^o *9*. — F° 15, charte 5-48 = n^{os} *10-53*.

Deuxième cayer dudit Cartulaire, charte 1re-25 = n^{os} *54-78*.

Troisième cayer dudit Cartulaire, charte 1re-13 = n^{os} *79-91*.

Quatrième cayer dudit Cartulaire, charte 1re-23 = n^{os} *92-115*.

Cinquième cayer du Cartulaire n° 1, charte 1re-25 = n^{os} *116-
141*.

Sixième cayer du Cartulaire n° 1, charte 1re-50 et dernière
du Cartulaire de Bonnevaux n° 1[1] = n^{os} *142-190*.

*Un seul cahier de dix-sept feuillets (dont quatre et demi
restés blancs) renferme l'Abbrégé du Cartulaire de l'abbaye de*
Bonnevaux n° 2, dont l'écriture paroit semblable à celle en
usage à la fin de 1200 ou au commencement de 1300[2]. —
N^a. Sur la couverture en dedans, il est écrit en écriture mo-
derne, c'est-à-dire en 1600 ou environ, ce que cy après :

L'abbé Jean, depuis 1117 jusques 1138.

L'abbé Golsein, en 1138 jusques 1151.

L'abbé Pierre, en 1151, mort 1168.

L'abbé Hugues ou saint Hugon, en 1168 jusques 1194.

L'abbé Amédé, en 1194 jusques 1232.

L'abbé Falco, en 1232 jusques 1248.

L'abbé Rigaud, en 1248 jusques 1250.

L'abbé Guigues, en 1250 jusques 1258.

Charte 1re-137 bis [3] = n^{os} *191-312*.

Deuxième cayer du Cartulaire n° 2, charte 1re-6 = n^{os} *313-8*.

---

[1] N^a. Il n'y a point de charte 37 : il y a une demy page en blanc ;
par contre, la charte 46 est double.

[2] *La copie du* n^o *313 conservée dans les archives de M. Morin-
Pons est dite extraite* d'un ancien Cartulaire manuscript, couvert
en bois, que l'on croit du commencement de l'an 1300 ou sur la
fin du précédent siècle, par la forme des caractères et escriture
(*ouvr. cité, p. 279).* Dom VILLEVIEILLE *a analysé (ibid.) les* n^{os} *377,
381 et 401 du Cartulaire en parchemin cotté* n° 2 aux archives de
l'abbaye de Bonnevaux.

[3] *Les chartes* 4e *et* 5e *jointes ensemble forment le* n^o *194*. — *La
disparition d'un feuillet de la copie nous prive des chartes 30 à 35.* —
La 83e a un bis : par contre, celle qui vient après la 85e (n^o *270) est
non numérotée.* — *Quatre pages qui manquaient à l'original font
sauter la copie du* n^o *126 au* n^o *137 bis.*

Troisième cayer du Cartulaire n⁰ 2, charte 1ʳᵉ-84 = nᵒˢ *319-403.*

D'après le Nᵃ reproduit au n⁰ 403, il conste que l'original de ce Cartulaire était incomplet de vingt-cinq chartes, dont une table, en tête du troisième cahier, conservait encore les rubriques. En dehors de ce cas, le copiste de d'Hozier n'a que rarement reproduit les titres [1].

Nᵃ. Sur la couverture en dedans, à la fin dudit Cartulaire, il est écrit en lettre gothique : LIBER BEATE MARIE BONEVALLIS. Andreas abbas. Ledit abbé gouvernoit en 1306.

Les cahiers des deux Cartulaires se faisaient-ils suite les uns aux autres, comme les quaternions d'un même codex ? Je ne le crois pas, car les pièces datées forment dans chacun d'eux une série nouvelle et indépendante [2].

La disproportion numérique entre les chartes datées et celles dépourvues de notes chronologiques m'a dissuadé de les classer suivant l'ordre des temps. Le mieux était de les publier dans la disposition où la copie (fidèle aux originaux) nous les fournit, sauf à leur adapter une série continue de numéros, pour faciliter les recherches et les citations, ainsi que les renvois de la table alphabétique. Toutefois, pour mettre un peu d'ordre dans ce fouillis, j'ai pensé qu'il serait utile de dresser une table chronologique des chartes datées d'une manière certaine ou très approximative, en y intercalant les pièces publiées ailleurs sur Bonnevaux. La 1ʳᵉ colonne indique la date; la 2ᵐᵉ l'abbé de Bonnevaux qui y figure; la 3ᵐᵉ le numéro de la charte ou un renvoi à une ou plusieurs sources étrangères à ce volume.

1117	—	8	(1119-20)	—	12
(1119?)	Jean	141	(»)	—	19
1119 juil. 11	»	3	(»)	—	21

[1] Nᵒˢ 8, 76 et 343.
[2] Voici les dates extrêmes de chaque cahier : — I. 1. 1117-95; II, 1164-1232; III, 1187-90; IV, 1162-97; V, 1166-1201; VI, 1151-90; — II. I, 1161-88; II, 1120; III, 1169-93.
[3] *Fondation de Bonnevaux, d'après le P. Léop.* JANAUSCHEK, Originum Cisterciensium (Vindobonæ, 1877) t. I, p. 7.

1119 nov. 11	»	1	(1146?)	»		217
1120 fév. 7	»	7	(1146-7)	»		245
» fév. 25	—	»²	1147 mars 26	»		6
»	»	313³	1151	Guigues		155
» sept. 25	(»)	⁴	(1153) 1163!	»		264
(1122)	—	{223 / {429⁵	1155	»		12
(112.)	—	202	1157 mai 23	—		13
(112.)	»	315	1160	Pierre		33
(112.)	»	194	»	—		158
(112.)	»	{228 / {429⁵	1161	—		279
1126 avr. 13	»	6	1162	»		92
(Ap. 1128)	»	{223 / {429⁵	»	—		97
(Ap. 1129)	»	7	(. ?)			263
1134 fév. 16	»	×	1163	»		276
1135	—	21	(» ?)	—		277
1137 août 23	»	9	1164	—		54
(1138)	—	10	»	—		56
(1141?)	Gocewin	234	»	—		58
(Ap. 1141)	—	150	» avr. 12	—		57
(1141-4)	...	206	1165 juil.	--		169
(Ap. 1141)	—	231	1166	—		99
(Av. 1144)	—	218	»	»		167
(Ap. 1144)	—	314¹¹	1167	—		117
			»	Hugues		118
			»	»		170
			1168	—		59

[1] *Fondation de l'abbaye de Mazan. Le P.* JANAUSCHEK (*p. 9*) *préfère (à tort, je crois, d'après ce qui sera dit plus loin) le millésime 1120, contre l'unanimité des chronologistes.*

[2] *Voir les sources de cette bulle de Caliste II dans* JAFFÉ, Reg. pont. Rom., 1ʳᵉ *éd., n° 4989 ;* 2ᵉ *éd., n° 6822.*

[3] *Cf.* Invent. des archiv. Dauphin. de M. Morin-Pons, n° 1069, p. 279.

[4] Mss. *de* VALBONNAIS, 2ᵉ *reg.,* n° 132 (ex lib. Sᵗ Petri); 7ᵉ *reg.,* n° 34 (ex tab. eccl. Sᵗ Petri foris portam Viennœ). MABILLON, Ann. ord. Sᵗ Bened., *t. VI* (1745), *p. 590-1* (appᵗ, n° VI, ex Chartulario S. Andreœ Viennensis, *ce qui est inexact*); Gallia Christ. nova, *t. XVI, instr. c. 31-2* (ex schedis Stephanotii).

[5] CHEVALIER, Coll. de Cartul. Dauphin., *1869, t. I, pp. 288-9,* n° 77ᵃ.

[6] *Cf.* Gallia Christ. nova, *t. IV, c. 285.*

[7] *Lettre de saint Bernard au novice Hugues :* MANRIQUE, Ann., *t. I, p. 352 ;* MIGNE, Patrol., latina, *t. CLXXXII, c. 527-8.*

[×] *Fondation de l'abbaye de Montpeyroux* (JANAUSCHEK, *p. 13*).

[9] *Fondation de l'abbaye de Tamié* (JANAUSCHEK, *p. 30-1*).

[10] *Fondation de l'abbaye de Léoncel* (JANAUSCHEK, *p. 46-7*).

[11] D'HOZIER, Armorial gén. de France, Vᵉ *reg.,* 1ʳᵉ *partie, p. 12 ;* BUIZARD, Mais. de Beaumont. *t. II, p. 10. Cf.* Invent. des archives de M. Morin-Pons, n° 1070, p. 280.

[12] *Fondation de l'abbaye de Valmagne* (JANAUSCHEK, *p. 138-9*).

[13] CHEVALIER, Coll. de Cartul. Dauphin., *t. I, p. 298, n° 84ᵃ.*

»	»	171	1181	»	49
»	»	» [1]	»	—	51
»	»	» [2]	»	—	369
1169	»	291	(v. 1181)	»	7
»	—	292	1182	»	307
»	—	324	» déc.	—	178
» mai	»	» [3]	1183	—	135
1170 avr. 17	»	3	1184 sept. 28	—	8
1171	—	119	1185	—	49
»·	—	120	»	—	51
»	»	130	»	—	180
» avr.	—	137	»	—	182
» avr.	—	327	»	—	183 [9]
1172	—	272	»	»	308
1173	—	344	» mai 23	»	430
» août 22	—	» [4]	1186	—	387
1174 mars	—	1	(»)	»	389
1175	—	140	» sept.	—	186
1176 août 7	—	130	1187 jan. 6	»	179
(1177 août)	»	» [5]	»	»	90
(» »)	»	» [6]	»	—	136
1178	—	47	»	—	310
»	—	132	»	»	384
»	—	185	1188	»	184
»	—	298	»	—	300
» août 20	—	2	»	—	311
1179	—	188	)	—	390
» mai	»	51	»	—	391

[1] LE LABOUREUR, Mazures de l'Isle-Barbe, 1665, t. I, p. 109-11.

[2] ID., ibid., p. 112. Cf. Gallia Christ. nova, t. IV, c. 226.

[3] CHEVALIER, Coll. de Cartul. Dauphin., t. I, p. 302-4, n° 87².

[4] Fondation de l'abbaye de Sauve-Réal (JANAUSCHEK), p. 168).

[5] Lettre de l'empereur Frédéric Ier : voir les sources dans STUMPF, Die Reischskanzler, Innsbruck, 1865, t. II, p. 376, n° 4206.

[6] Lettre du même : MARTENE, Thes. novus anecdot., t. I, p. 585.

[7] Rouleau de Bertrand de Baux, mort le 5 avril 1181, n° 220 : TITULUS SANCTE MARIE DE BONA VALLE.... Ego Hugo, fratrum Bonevallis servus inutilis, domnum Bertrannum karissimum nostrum, qui, dum adviveret, familiaris noster fuit et cujus confessionem habuimus, et consilio nostro multa de suo pro amore Dei erogavit, ex parte nostri et fratrum nostrorum fecimus participem, et in vita et in morte sua, bonorum omnium spiritualium que in domo nostra fiunt et fient ; quem etiam,. post mortem, in capitulo nostro absolvimus..... Nobilem quoque uxorem ipsius, domnam Tiburgiam, dilectam nostram, jam viduam, et filios ejus, et in vita sua et post mortem, spiritualium bonorum nostrorum perpetuo participes facimus (Léop. DELISLE, Rouleaux des morts du IXe au XVe siècle, 1866, p. 396-7).

[8] Fondation de l'abbaye de Val-Benoîte (JANAUSCHEK, p. 183).

[9] Cf. Invent. des archives Dauphin. de M. Morin-Pons, n° 1072, p. 280.

»		—	392
»	nov. 11	—	1
1189		—	51
»		—	90
»	juil. 4-5	»	189
1190		—	104
»		—	107
(»)		—	310
»	avr.	—	105
»	avr.	—	106
»	juil. 30	—	187
»	déc. 27	—	91
1191		»	395
»		—	398
»	avr. 7, 28 } mai 2 }	—	59
»	juin 24	—	2
1192	jan. 31 } fév. 1 }	—	190
»		—	395
»	août 4	»	400
1193		—	60
»		—	401
»	mars 30	—	400
»	avr.	—	402
»	nov. 8	»	61
1194		—	64
»		»	66

»	Amédée		111
1195		—	112
»		—	115
»	avr. 24	—	69
1196	fév. 2	»	53
»		»	113
1197		»	67
»		—	114
»	juil.	—	65
1198		—	63
»		—	68
»		—	70
»	mars	—	62
1199	août 3	»	71
1200		—	73
»		—	74
1201	août	—	130
1208		—	3
1209	nov.	»	77
1222	nov. 8	Falcon	131 [4]
1228	déc. 14	—	5
1229		»	6
1232		»	76
1237	mars 4	—	7
(Ap. 1237)		—	8
1249		—	9
1251	jan.	Guigues	10
»		»	11

---

[1] *Fondation de l'abbaye de Valcroissant* (JANAUSCHEK, p. 188).

[2] *Cf.* Guy ALLARD, Dictionnaire du Dauphiné, 1864. t. I, p. 169.

[3] *Cf.* Cabinet historique, 1858, t. IV, 2e partie, pp. 24 et 26.

[4] *Cff.* VALBONNAIS, Hist. de Dauphiné, t. II, p. 505 ; CHEVALIER, Documents historiques inédits sur le Dauphiné, t. II, n° 1079.

[5] AUVERGNE, Cartulaire de Saint-Robert, 1865, p. 4, n° 3.

[6] *Cf.* Gallia Christ. *nova*, t. IV, c. 228.

[7] VALBONNAIS, Histoire de Dauphiné, t. I, p. 61.

[8] *Cf.* CHEVALIER, Docum. hist. inéd. sur le Dauph., t. II, n° 453.

[9] VILLEVIELLE, Trésor généalog. : BUFFAVENT (Jean, Humbert et Richard, frères) cèdent par accord à l'abbaye de Bonnevaux les droits qu'ils possédoient sur la terre de Chapponnières, moyennant la somme de 15 livres Viennoises ; laditte cession passée en novembre 1249 et ratifiée par Guigonne, femme dudit Jean, par Jean, Villalet et Guigon Buffavent, ses fils, et par dame Aude, femme dudit Humbert, par Humbert et Péronet, ses fils, sous l'arbitrage de noble homme Hugues Laytard (*Lyatard?*), chevalier ; Pierre Garas, chevalier, et Bertrand de Loyri, châtelain de Revel (Original en parchemin, n° 55, aux archives de l'abbaye de Bonnevaux). — Communication de M. le marquis G. de Rivoire de la Bâtie.

[10] V. DE SAINT-GENIS, Histoire de Savoie, 1869, t. III, p. 450-2.

[11] E. PILOT DE THOREY, Abb. de N.-D. de Bonnevaux, 1875, p. 19.

1252 juil. 8	"	1	1274 fév. 7	—		7
1264 juil. 17		2	1276			8
1266		3	(v. 1278)	Guillaume		9
1267 juin 27		4	1279 jan. 16	"	432	
1268	Durand	5	" fév. 19	"		10
1272 nov.	Adam	6				

Cette notice préliminaire ne comporte pas une étude sur les fastes de l'abbaye de Bonnevaux : ce sujet a été déjà traité[11] et le sera peut-être de nouveau à l'aide de ce Cartulaire. Je dirai cependant un mot de sa fondation, parce qu'elle me semble inexactement expliquée par le dernier historien des origines des monastères de l'ordre de Cîteaux. Dans le t. I [seul publié malheureusement] de ses Origines Cistercienses, *le P. JANAUSCHEK rapporte à la date du 11 juillet 1119 la fondation de Bonnevaux, septième fille de Cîteaux, et dénie tout titre de fondateur à l'archevêque de Vienne, Guy de Bourgogne[12]. Deux documents ont jusqu'ici renseigné sur les origines de l'abbaye : le n° 8 du présent Cartulaire, publié dès*

---

[1] Mss. de VALBONNAIS, 5e reg., n° 40 : Faculté accordée à l'abbé de Bonnevaux de pouvoir jouir de quelques privilèges dans l'abbaye de Saint-Pierre (de Vienne), laquelle fut accordée de même à celui de Saint-Pierre dans l'abbaye de Bonnevaux.

[2] CHEVALIER, Docum. histor. inédits sur le Dauph., t. I, p. 43.

[3] Arch. de l'Isère, Invent. du Viennois, t. I, f° 302 v°.

[4] VALBONNAIS, Histoire de Dauphiné, t. II, p. 4.

[5] E. PILOT DE THOREY, Abb. de Bonnevaux, p. 21.

[6] LE LABOUREUR, Mazures de l'Isle-Barbe, t. I, p. 184-6.

[7] HUILLARD-BRÉHOLLES, Titres de la maison de Bourbon, 1867, t. I, n° 570.

[8] CHEVALIER, Docum. histor. inédits sur le Dauph., t. II, n° 438.

[9] ID., ibid., n° 343.

[10] ID., ibid., n° 449.

[11] SAMMARTH., Gallia Christ., 1656, t. IV, p. 180-1 ; Guy ALLARD, Dict. du Dauphiné, t. I, c. 188-9 ; MABILLON, Ann. ord. St Bened., t. VI (1745), p. 26-7 ; CHARVET, Hist. de l'égl. de Vienne, 1761, p. 322-3 ; COLLOMBET, Histoire de l'église de Vienne, 1847, t. II, p. 26-30 ; Gallia Christ. nova, t. XVI, c. 207-12 ; CHEVALIER, Coll. de Cart. Dauph., t. I, p. XXXIV-V ; et surtout E. PILOT DE THOREY, Abbaye de Notre-Dame de Bonnevaux, au diocèse de Vienne, règle de saint Bernard, ordre de Cîteaux, Grenoble, 1875, in-8° de 44 p. (extr. du Dauphiné).

[12] Manifestum sane fit Guidonem archiepiscopum Bonæ-Vallis.... fundatorem immerito vocari, quippe qui ejus plantationem nonnisi suaserit et ad papatus culmen evectus promoverit (p. 7).

1642 *par* MANRIQUE *comme tiré ex parvo Chronico Bonæval-
lensi : il atteste quod omnes sumptus ad hoc opus necessarii
ejusdem papæ providentia seu administratione provenerint;
et une charte-notice qui porte au bas la date du 25 septembre
1120, laquelle ne peut être que celle de l'expédition par le
chancelier Étienne[1], car les faits dont cette pièce renferme
le récit sont certainement antérieurs au 2 février 1119, jour
de l'élection de Guy au souverain pontifical. Sur la part de
Calixte II à cette fondation, nous ne saurions trouver un
meilleur témoignage que le sien; confirmant au doyen Pierre
les priviléges de l'église de Vienne, le 25 février 1120, il
énumère, parmi ses dépendances, en dernier lieu l'abbaye de
Notre-Dame de Bonnevaux, quæ, præstante Deo, nostris
sumptibus et nostris est fundata laboribus. Ces observations
se trouvent pleinement confirmées par les Annales Bonæval-
lenses (1044-1180), mises récemment au jour par le Dr LŒ-
WENFELD dans les Monumenta Germaniæ historica[2]; on y
lit : 1101. Exordium Calesii. — 1117. Exordium Bonevallis.
— 1119. Domnus Johannes primus abbas Bonevallis. — 1125.
Exordium Stamedii. — Etc.*

*Les épreuves du texte de ce Cartulaire ont été obligeamment
collationnées sur la copie de Paris par M. Alex. Bruel, sous-chef
de section aux Archives nationales. La table se ressentira sans
doute, au moins en ce qui concerne l'identification suffisante
des noms de lieux, de la mauvaise santé de l'éditeur au mo-
ment de sa rédaction. Un mot encore de remerciement à
l'Académie Delphinale, qui a bien voulu accueillir cette nouvelle publication de textes.*

Romans, 10 décembre 1888.

---

[1] *Les notes chronologiques de cet acte sont d'ailleurs loin d'être
concordantes : en 1120, le 25 septembre fut, non un vendredi, mais
un samedi; le quantième de la lune est fautif, car elle se renouvela
le 26. La copie de* VALBONNAIS *porte l'indiction VIII, corrigée peut-
être par les éditeurs.*
[2] *Script. t. XXVI (1882), p. 824, ex cod. Paris. n. acq. 2599, f° 19.*

LIBER BEATE MARIE
BONEVALLIS

\

1

ANNO ab Incarnatione Domini M.C.LXX.IIII, mense marcio. Ego Saurina, consilio mariti mei Petri de Rodeilano...., vendo...ecclesie Beate Marie de Bonevallensibus.... dominium et duos solid(os).... in una domo que est apud Sanctum Egydium, quam Bernardus Bigotus tenere solebat de me, que confrontat in domo Willelmi de Baire.. . Ego Petrus de Rodeilano predicta laudo.... Testes Willelmus Vinans sacerdos, Bernardus de Orto, Petrus Imbertus, Rostagnus de Calnis, B. Bolgarellus, Willelmus Ferriol.

2

IN nomine sancte (et) individue Trinitatis. Fredericus, divina favente clementia Romanorum imperator augustus..... Notum... facimus... quod nos, inducti petitionibus dilecti fratris nostri Hugonis, venerabilis abbatis de monasterio Bonevallis, ipsam abbatiam... in.. protectione... suscipimus... Insuper confirmamus ei omnes possessiones quas.. possidebit.... Presentis privilegii paginam fecimus conscribi et nostre majestatis sigillo roborari. Testes quoque placuit annotari : Guichardus primas Lugdunensis,

Robertus Viennensis archiepiscopus, Odo Valentinus episcopus, Johannes Gracionopolitanus episcopus, Hugo Verdensis episcopus, Burcardus notarius, Hugo abbas Athanacensis, Hugo dux Divionis., Humbertus de Bello Jeco, Burkardus prefectus de Magdeburc, Ropertus de Durna, Boto de Messingen et alii quamplures.

Ego Rotbertus, Dei gratia Viennensis archiepiscopus et regni tocius Burgondie archicancellarius, recognovi. Acta sunt hec anno Dominice Incarnationis M°. C°. LXX° VIII°, indictione XI^a, regnante domino Friderico Romanorum imperatore, anno regni ejus XX° VII°, imperii autem XX° V°. Datum in civitate Lugdunensi XIII° kalendas septembris [1].

3

A LEXANDER episcopus, servus servorum Dei,... Hugoni abbati Bonevallis..... Sub beati Petri et nostra protectione suscipimus.... Preterea... bona.... vobis vestrisque successoribus illibata permaneant...., sicut vos contingit ex venditione et dono Drodonis quondam Lugdunensis electi.., Willelmi Viennensis decani... et Umberti de Bellagarda, et Nantelmi et Umberti de Chatunnaio....; et dono Joceranni de Revello et fratris ejus Bertranni, et Hugonis de Moncuc... et Nantelmi de Chatunnaio....; ex dono Willelmi de Castellione et Falconis filii ejus, et Armanni Cardonis et uxoris sue et filiorum suorum Aymonis, Armanni,

---

[1] Le texte intégral de ce diplôme impérial a été publié en 1869 dans ma *Collection de Cartulaires Dauphinois* (*Cartulaire de Saint-André-le-Bas*), t. I, p. 305-7, d'après une copie du XVIIe siècle conservée aux archives de la préfecture de la Drôme; Karl Fried. STUMPF l'a reproduit dans ses *Acta imperii adhuc inedita* (t. III de *Die Reichskanzler*, Innsbruck, 1873), p. 535-7.

Bellionis et Sellionis, et Petri de Mongela et uxoris sue et
filie, et Willelmi de Milleu et filiarum suarum cum suis
maritis, et Umberti de Miribello, et Manasse filio Rogerii
et Viviani filii Valterii Albutii....; ex dono Bosonis de
Moliz et fratrum suorum..... Datum Verul(is)..., xv kalendas maii, indictione III², Incarnationis Dominice anno
Mº. Cº. LXXº, pontificatus vero domni Alexandri pape III
anno undecimo[1].

4

*Autre bulle du pape Alexandre, portant inhibition à
toutes personnes de batir maisons ny granges près l'abbaye
de Bonnevaux : sans datte*[2].

5

*Autre bulle du pape Alexandre, portant exemption de
tous dixmes à aucuns eclesiastiques en faveur de la dite
abbaye : sans datte*[3].

6

EUGENIUS episcopus, servus servorum Dei, dilectis
filiis Gocewino abbati Bone Vallis ejusque fratribus.....
Sub beati Petri et nostra protectione suscipimus..... Sta-
tuentes ut ... bona... vobis illibata permaneant.... Datum
Cluniaci, per manum Guidonis, sancte Romane ecclesie
diaconi cardinalis et cancellarii, VII kalendas aprilis, indic-

---

[1] Le Dr S. LOEWENFELD, à qui j'avais communiqué ma copie du
Cartulaire de Bonnevaux pour la nouvelle édition des *Regesta pon-
tificum Romanorum* de JAFFÉ, a analysé cette bulle sous le nº 11766
(Lipsiae, 1885, t. II, p. 234).

[2] Inscrit dans la nouvelle édition de JAFFÉ, sous le nº 13781 (p. 371).

[3] Inscrit dans la nouvelle édition de JAFFÉ, sous le nº 13782 (p. 371).

tione x, Incarnationis Dominice anno M^{mo}. C^{mo}. XLVII^{mo}, pontificatus vero domni Eugenii III pape anno III [1].

7

CALIXTUS episcopus, servus servorum Dei, dilectis filiis Johanni abbati... de Bona Valle.... Locum vestrum sub apostolice sedis tutelam excipimus...... Confirmamus enim.... usuarium... in silvis Sibonis militis de Bellovisu..., ex dono ipsius Sibonis et uxoris sue ac filiorum ; ex dono Garini de Pineto et uxoris ejus ac filiorum....; ex dono jamdicti Sibonis militis, uxoris et filiorum ejus, et Rostandi Ervuini et Burnonis consanguineorum...., usque ad terram Letaldi Peregrini, Guillelmi de Castellione et Silvionis filii Berengarii...., et usque ad terram Sibonis Lunelli.... et mulieris ejus Sore; ex dono Rostandi Crocelani et omnium fratrum ejus....; ex dono Letardi Peregrini et uxoris et filiorum ejus....; ex dono Rostandi de Colunces, uxoris et filiorum ejus; ex dono Silvonis filii Berengarii, uxoris ejus et filiorum...; ex dono Melioris et fratris ejus Genisii, necnon ex matris eorum Adele....; ex dono Jarentonis de Clavaisone et uxoris ac filiorum ejus....; ex dono Guillelmi Hugonis et fratrum ejus Ademari et Lamberti..., de proprio censu castri quod vocatur Montilium...... Data Vienne, per manum Grisogoni, sancte Romane ecclesie diaconi cardinalis ac bibliotecarii, VII. idus februarii, indictione XIII, Incarnationis

---

[1] Publiée par MANRIQUE dans ses *Cistercien. Annal.* (1642, t. II, p. 82), cette bulle se trouve intégralement dans la *Patrol. latina* de Migne (t. CLXXX, c. 1198-9). Cf. JAFFÉ, 1re éd., n° 6203 ; 2e éd., n° 9011.

Dominice anno M°. C°. XX°, pontificatus autem domni
Calixti secundi pape anno II [1].

8

DE EXORDIO BONE VALLIS [2].

ANNO ab Incarnatione Domini M°. C° XVII°, cum
domnus Wido, sancte Romane ecclesie legatus,
Viennensis vero archiepiscopus, nunc autem papa catholi-
cus, redisset a concilio quod apud Divionense castrum
cum multorum episcoporum et abbatum aliarumque reli-
giosarum personarum conventu celebrarat, venit ad novum monasterium quod usitato vocabulo Cistercium nun-
cupatur, rogavitque domnum Stephanum, abbatem illius
loci, ut in Viennensi suo archiepiscopatu monasterium
construeret, ubi monachi sub regula et abbate viventes
pro se et omni clero et populo sibi commisso misericor-
diam Dei devote exorarent. Cujus petitioni idem abbas,
communicato monachorum sibi commissorum consilio,
annuens venit Viennam et, consilio et adjutorio prescripti

---

[1] Le texte de MANRIQUE (*Cisterc. Ann.*, t. I, p. 94, *in Chronico Bo-
novallen.*), reproduit par la *Patrol. lat.* (t. CLXIII, c. 1157-8), est
complet pour les formules invariables, mais non pour les pro-
priétés confirmées au monastère. Cf. JAFFÉ, 1re éd., n° 4983; 2e éd.,
n° 6812 : dans l'une et l'autre édition, on a confondu notre abbaye
de Bonnevaux avec celle de Bonneval dans le Rouergue (*dioc.
Rutenensis*).

[2] Ce récit des commencements de Bonnevaux a été publié, *ex
parvo Chronico Bonovallensi*, par MANRIQUE (*Cisterc. Ann.*, t. I,
p. 93), les frères de SAINTE-MARTHE (*Gallia Christ.*, 1656, t. IV,
p. 181) et dom BRIAL (*Recueil d. hist. de France*, t. XIV, p. 319). Cf.
Gallia Christ. nova (t. XVI, c. 208) et surtout L. JANAUSCHEK
(*Origin. Cisterc.*, 1877, t. I, p. 7).

domni pape Calixti, in valle quadam cepit cenobium edificare, quod Bonam Vallem idem papa dictavit vocari; et sciendum quod omnes sumptus ad hoc opus necessarii ejusdem pape providentia seu administratione provenerint.

9

Eo tempore dominus Sibo miles de Bellovisu..., consilio mulieris sue Petronille ac filiorum suorum Willelmi et Burnonis, concessit domno Stephano abbati......., pro anima patris sui Burnonis militis... Hii sunt testes : Rainaldus archipresbiter, Wido de Antun, Berardus de Septimo, Walterius Mascerellus, Willelmus Bulfardus, Burno Mascerellus..., Humbertus de Ravello, Boso de Burnaco, Petrus Luverellus, Everardus de Sancto Simphoriano, Falco de Malco.

10

Guarinus etiam de castello Pineto et mulier ejus ac filii eorum dederunt ante dicto abbati et monachis ejus partem terre, quam juxta mansum Assueni tenuerant.

11

Dominus vero Sibodus prescriptus et consanguinei ejus prenominati laudaverunt terram que sibi erat, juxta terram Warini de Pineto.

12

Don par l'abbé de Saint-Theudère[1], in presentia domini pape Calixti.

---

[1] Peut-être Artaud, qui figure dans le nº 20, ou Étienne, qui était à la tête de l'abbaye de Saint-Chef en 1123 (Cartul. de Saint-André-le-Bas, p. xxxiv) et qu'on retrouve plus loin dans la ch. 118.

13

Post hec dominus Sibo miles et mulier ejus ac filii
eorum, et Rostandus et Ervuinus et Burno, consanguinei
ejusdem Sibonis, contulerunt..... terram quam ad aquilo-
nem usque Letardi cognomento Peregrini et Willelmi de
Castellione ac Silvonis filii Berengarii....., usque ad terram Sibonis Lunelli...... Et sciendum quod dominus Rcs-
tandus Crocelanus ac fratres ejus omnes dederunt eis
usuarium in omnibus terris et silvis suis... .

14

Sibodus etiam Lunellus et mulier ejus Sora concesserunt monachis partem terre....

15

Lerardus etiam, cognomento Peregrinus, et mulier
ejus ac filii eorum concesserunt.... terram.... Quod donum
laudaverunt dominus Rolannus, et mulier ejus ac filii
eorum.... Testes : Wido de Anton, Rostandus de Colunces, Walterius Macerellus, Olardus.

16

· Deinde dominus Rostandus de Colunces et mulier ejus
Getsuara ac filii eorum Milo et Boso ac Petrus ac Gilla
puella, Silvoque filius Berengarii et uxor ejus Algardis ac
filii eorum, dominus quoque Melior et frater ejus Genisius
et mater eorum Adela concesserunt... terram.... Testes... :
Sibo de Bellovisu, Rostandus Mascerellus, Hugo de Moe-
diaco, Sibo Lunellus, Folco, Burno.

17

Illud etiam sciendum quod dominus Sibo de Bellovisu

et mulier ejus ac filii, Rostandus quoque Crocellanus ac fratres ejus, assensu et consilio ministrorum suorum, Folconis scilicet et Bosonis ac Rostandi et Giroldi, dederunt monachis sedem molendini, que in illa valle est quam modo Bonam Vallem vocamus...

18

Eodem tempore dominus Jarento de Clavaisone et uxor ejus Verona ac filii eorum Ismio et Jarento ac Amblardus dederunt.... Bonevallis mansum Raas... Testes : Sibodus de Bellovisu ac Bermundus de Clavaisone.

Willelmus vero de Cantamerlo et uxor ejus Latiarda ac filius ejus Otgerius, Walterius quoque de Balbeveio et uxor ejus laudaverunt hoc...

19

Harum autem omnium terrarum decime erant monachorum Sancti Petri extra portam civitatis Vienne, et Sibodi Lunelli ac Everardi et Duranni clerici de Sancto Simphoriano. Monachi vero, cum abbate suo domno Desiderio[1], rogatu domini pape Calixti et abbatis Stephani Cisterciensis.. , suam partem dimiserunt; similiter et Sibo Lunellus ac Everardus et clericus Durannus suas partes dimiserunt...... Testes : Rainaldus archipresbiter, Walterius Mascerellus, Sibodus de Bellovisu, Oilardus et ceteri multi.

20

Abbas Sancti Theuderii Artaldus... dedit... ecclesie...

---

[1] Sur cet abbé de Saint-Pierre de Vienne, voir le *Cartul. de Saint-André-le-Bas,* p. XXXI.

Bonevallis vallem in qua sita est fagina..... Testes : .....
et Amedeus de Alta Ripa et Amblardus Falevellus, Petrus
de Chinino.

21

Ego Sigiboudus de Bellovidere notum fieri volo.... me....
confirmasse dona que predicte ecclesie.... dedi, sive in
terris.... mihi et consanguineis meis communibus et propriis... Hujus prime confirmationis mee testis est dominus
Calixtus papa et coadjutor. Post aliquantum vero temporis
secundam confirmationem feci.... Ego et Willelmus filius
meus..., anno ab Incarnatione Domini millesimo centesimo
tricesimo quinto, eo scilicet tempore quo nuper ad conversionem dominus Berlio Moriacensis, Berlioque Almanni
et Petrus Siebodi in Bonam Vallem venerant : nam et
ipsos testes astare rogavi. Dehinc vero.... quod ego et
Willelmus feceramus, fecerunt Drodo et Siebodus filii
mei.

22

Volumus certum fieri quod Aiglentina de Pineto et filii
ejus, Nantelmus videlicet atque Milo, Bertrannus ac Oliverius, dederunt.... Bonevallis terram.... Propter hoc donum dedit domnus abba Johannes (330 solidos Viennenses)... Testes sunt Sigibodus de Bellovisu et Burno Brunus
et Durannus Motinus... Hoc donum... confirmaverunt
Ervisius de Bellovisu et Rostagnus frater ejus, cum uxore
sua Anna et filio Ervisio... Testes.... Ungrinus Bestens
et Ademarus Suavez et Giroldus mestralis.

23

Similiter notificari volumus quod Rostagnus Caurelli
et Boso frater ejus, cum matre sua Gilliborga, dederunt

ecclesie Bonevallis mansum..... : ab aquilone terra Guarini de Pineto...... Hoc donum fuit factum per manum
Villelmi filii Sigibodi de Bellovisu, qui adest testis, et
Oolardus filius Rodandi et Drodo de Borniaco.

24

Ervisius de Bellovisu dedit nobis quicquid habebat
in prato...., atque dederunt nobis quicquid de terra
communi habemus Sigibodus de Bello Visu et Ervisius et
Rostagnus frater ejus, cum uxore et filiis suis... Testes....:
Ugo de Moidies et Silvio Berengarii, Petrus David et Mulfardus de Sancto Sinforiano..., et Umbertus de Catunnai
et Johannes Espanchies.

25

Aena, quedam matrona de Verivilla, habebat tertiam
partem de taschia....., quam dedit cum marito et natis
suis..... Testes : Ector, Eustachius de Verivilla, Johannes
presbiter.

26

.... Calumpniam moverunt milites de Pineto, Nantelmus
Garini, Bertrannus Milo. Post hec vero, acceptis triginta
solidis, cum Oliveri filio et Nantelmi... laudaverunt. Testes sunt Falco Hospitalis, Borno Brunus, Petrus Mahalgies.

27

Sora de Bellovisu quedam matrona, cum filiis suis Guigone et Soffredo, vendidit ecclesie de Bonavalle mansum..... Testes : Sigilboudus de Bellovisu, Hugo de Vernia
Gauterius Mascherellus.

28

DE manso... quem dedit Petrus Berengarii laudem fecit uxor Amedei Jecewara Gocewino, abbati Bonevallis, in domo sua apud Chesenova. Testes sunt Galdemar Archis, Boso de Chafyn, Gauterius de Sancto Boneto. Ipse Amedeus maritus ejus laudator est et testis.

29

HOOLARDUS de Bellovidere dedit domui Bonevallis... terram..., et... habuit inde viginti solidos Vienn(enses). Mairinus vero, ejusdem terre ministralis, habuit duodecim denarios..... Hoc factum est per manum domni Guigonis abbatis, in presentia..... monachorum, Johannis Porcharii, necnon et Mairini superius memorati.

30

BERNO Brunus, de Pineto, et fratres ejus Siboudus et Petrus dederunt domui Bonevallis quamdam terram... Presentibus.. Asterio et Guigone de Alba Ripa et Petro Audoardi..., Boneto et Guitfredo, nec non et Berlione de Chalamunt..., Bernuzuns de Sancto Johanne.

31

NOTUM sit omnibus quod Petrus Rovoyria solvit.... Bonevall(ensibus) calumpniam quam faciebat..., in manu domni Petri abbatis ejusdem loci. Id ipsum, volente et movente Petro, fecerunt filii ejus et uxor et Sinfredus Rovoyria frater ejus.... De laude Petri et uxoris ejus et filiorum Willelmi et Jofredi sunt testes.... Willelmus scriptor et Pontius armiger Petri predicti. De laude Sinfredi Rovoyrie...: Willelmus scriptor et Barnardus de Burnai.

32

Notum... quod dominus Drodo de Bellovidere, Lugd(u-nensis) archidiaconus[1], dedit Johanni Belloth et Johanni de Quireu nec non et Engelberto, suis hominibus, pro nemore quod frater ejus Sibodus in extremo vite sue do-mui Bonevallis dederat, aliud nemus.... Hoc factum est apud Sanctum Johannem, in presentia Petri Rovoirie... et Martini Fabri.

33

...... Ego Drodo de Bellovidere.... donum quoddam, quod frater meus Sibodus in extremis suis fratribus Bone-vallis fecerat..., laudavi.... Veni cum Petro Rovoiria... coram domno Guigone abbate...; et propter hoc mille soli-dos habui, et Petrus Rovoiria centum, et Burno et Sym-phredus fratres ejus centum.... Postea vero quidam homi-nes mei.... suprascripto nemore voluerunt uti... : ego Drodo amicabiliter pacificare vocavi.... Anno ab Incarna-tione Domini Mº. Cº. LXº.. Testes Jarento de Clavaisóne et Ademarus Senioreti et domnus Petrus abbas Bonne-vallis.

34

Notum sit.... quod fratres Bonevallis, per manum Johan-

---

[1] Ce Drodon de Beauvoir, archidiacre de Lyon en 1160 (ch. 33), figure comme archevêque élu de cette ville en 1164 (ch. 3, 56, 57 et 58) : c'est le même que les historiens de l'église de Lyon appel-lent invariablement *Drogon* ou *Dreux*, et dont ils ont tous ignoré le nom de famille. Un sien neveu, son homonyme, paraît dans nos chartes (56 et 58) à la même époque ; il faut peut-être l'identifier avec ce *Drodo de Belveir* ou *Bellovidere* qu'on trouve jusqu'en 1220 et qui mourut sous-diacre, chantre de Vienne et chanoine de Lyon, le 14 mai (M.-C. Guigue, *Obituar. Lugdun. eccl.*, 1867, pp. 45, 187 et 195).

nis prioris, emerunt a Petro Umberti... taschiam...., et...
dedit fidejussores Jarentonem de Pineto et Garinum Nantelmi.... Laudaverunt Hotmarus Oliverii et frater ejus
Willelmus Oliverii... Factum apud Viennam.... Testes
sunt predicti et cum eis Guichardus de Revello..... Uxor
quoque predicti Petri Umberti laudavit...... Item, prius [1]
mortem Garini Nantelmi, Mallenus de Moydies, maritus
sororis ejus, et Elionus monacus, frater ejus,... dederunt..
partem predicte taschie, et fidejussores Willelmum Girardi
et Petrum Umberti... Hoc fuit factum apud Moydies......
Apud Bociosellum laudavit hoc quedam alia soror Garini
Nantelmi...... Item..... quartam partem predicte taschie
vendidit... Petrus de Molneto...., et fidejussores dedit
Rostagnum de Colungiis et Petrum Umberti..., Drodonem et Petrum Rovoiriam... Testes sunt Tericus de Septimo et Rostagnus de Colungiis.

35

AMEDEUS de Monte Canuto movit querimoniam fratribus
Bonevallis in bosco, quem dederat eis Silodus junior de
Bellovidere....; et sic Aena mater ejus et ipse Amedeus et
Nantelmus frater ejus et Guigo Espartuns, avunculus ejus,
dimiserunt..., in presentia Soffredi de Claromonte et
Petri de Verevilla, monachorum Bonev(allis).... Testes
sunt Ismido de Verevilla, cognatus jam dicti Petri, Falco
Almanni, Barnardus Fecuria et Willelmus filius ejus,
Petrus Cavachuns et Willelmus filius ejus....

36

JOHANNES de Sattulas movit querimoniam fratribus

---

[1] Ce mot était sans doute représenté dans le manuscrit original par *p⁹*, abréviation paléographique qui se traduit par *post*.

Bonevallis....., et dedit in manu domini Drodonis, presente domno Hugone abbato Bonevallis. Testes.... Gualo de Turre, et Villelmus Frances, Rostagnus de Colunges et Barnardus de Lovel. Hoc donum laudavit Barracana, uxor predicti Johannis, et filii eorum Lambertus et alii. Testes sunt.. Gualo de Turre, Villelmus Frances, et Barnardus de Lovel et Johannuns ministralis.

37

Guigo de Castellione et Bernardus de Aygola moverunt querimoniam fratribus Bonevallis.....; que delata ad cognitionem militum de Verevilla, Joffredi scilicet et Armanni,.... et cognito quod frivola erat hec querimonia..., remisit eam uterque Guigo et Bernardus.... Propter hoc... dederunt Bonevallenses....., de quibus habuit Guigo tertiam partem et Bernardus duas..... Confirmaverunt postea... in manu domni Hugonis abbatis... Laudaverunt Aaldis, uxor predicti Bernardi, et sorores ejusdem Aaldis, Mabilia et Guigona. De laude Aaldis sunt testes Petrus de Vercvilla et Bernardus de Aygola, Stephanus et Bernardus et Guigo Phanuelz, cursoriâ dicti Petri. De laude Mabilie et Guigone sunt testes predictus P. de Verevilla, et Guigo pater earum, et Bernardus de Aygola, et Ricardus de Sancto Vodio et Guigo Phanuelz.

38

Notum sit quod, eo tempore quo Villelmus de Castellione perexerat in Jerusalem, Helisabeth uxor sua et filius eorum Theotbertus..., pro reditu ipsius....., dederunt Deo et... Bonevall(ensibus) terram et boscum...; Falcone filio suo, qui nondum erat miles, hoc vidente et laudante. Ipse quoque, cum de Jususalem *(sic)* rediit..., lau-

davit... et sic Bonevallenses ceperunt boscum.... Quo facto
Villelma, mater Oliverii de Turre, movit querimoniam..
pro portione que ibi se contingebat ex fraterno jure. De
hac querimonia... sic convenerunt ipsi cum Villelma...
Testes... frater Attoardus et Johannes ministralis. Sciendum vero quod Guigo de Castellione laudavit postea....
omnia de quibus investiti erant, sive a fratre suo Falcone
sive a patre suo Villelmo.

39

Eo tempore quo transfretandum disposuerat dominus
Drodo de Bellovidere, Bonamvallem adveniens...., presente domno Hugone abbate..., patris et fratrum suorum
suique ipsius donorum, que ab initio Bonevallensibus
contulerant, puritatem exponens, qualiter etiam pater
suus dominus Sibodus...., confirmavit; precipiens nepoti
suo Willelmo de Bellovidere..., ut.... non differret... Hoc
ipsum autem, quia tunc aberat, postea fecit Drodo, nepos
prefati Drodonis, frater Willelmi...., in die Pentecosten.

40

... Ipsa die qua domnus Drodo et predictus Willelmus
dona prefata fecerunt, Petrus Umberti, de Pineto, Deo et
Beate Marie de Bonavalle... dedit.... quidquid juris sui...
in nemore de Male....

41

SED et Petri de Altafay helemosina eadem die et eodem
capitulo fratribus Bonevallis non defuit : dedit namque
ille... census... ; quod etiam laudavit Willelmus Isardi,
nepos ipsius Petri... De his igitur omnibus suprascriptis,
id est de dono domini Drodonis et Willelmi nepotis sui ac

ceterorum, testes... : dominus videlicet Drodo, Willelmus de Bellovidere, Petrus Rovoyria, Petrus d'Altafay et Petrus Humberti, qui duo cum domino Drodone Jersusalem *(sic)* erant ituri, et Willelmus de Clareio abbas et Rothgerius frater ejus [1], et Willelmus Isardi de Bellaguarda..., Humbertus de Sancto Georgio, Petrus de Portu, burgenses..... De laude vero ejusdem... testes sunt Guido filius Berardi de Septimo, et Raynaldus filius Guitfredi de Buxo, Jocerannus Chius et Ado de Moyfone.

42

DOMNUS Sibodus senex de Bellovidere, quando Jerusalem pergere voluit...., dedit... Bonevall(ensibus)...., per manum Johannis Gontardi de Sancto Johanne, ministralis,..... Post discessum autem ejusdem Sibodi, dominus Drodo filius ejus.... hanc terram.... abstulit...... Postea cum ipse.... loca sancta vellet requirere, cognita veritate de hoc a Petro Sancti Johannis ministrali, filio... predicti Johannis Gontardi,.... restituit.....

43

..... Quod Bernardus de Aygola et Aaldis uxor ejus, filia Guigonis de Castellione, dederunt.... Bonevall(ensibus)...... Habuit isdem Bernardus... VI libras. . Laudaverunt Aaldis uxor Bernardi, de cujus jure erat, et Guigo de Castellione, pater suus, et Chabertus nepos ejusdem Guigonis, filius Falconis de Castellione... Testes : Petrus Odoardi et Willelmus de Monte Calvo, cognatus ipsius

---

[1] Sur ces deux personnages, voir entre autres l'*Essai historique* de M. Anatole de GALLIER *sur la baronnie de Clérieu* (1873, pp. 33-43).

Chaberti.. De laude quoque Bernardi de Aygola... testes :
Aymo Belletz et Johannes frater ejus, ministrales ipsius,
qui.... sotulares novos... acceperunt. De laude vero Aaldis
fuerunt testes Willelmus de Moyfon et Guigo de Faramans,
monachi. ., et cum his Guigo filius antedicti Bernardi de
Aygola et Jovenz Pillarz, Ademarus de Faramans et Otgerius de Vineis.....

44

...... Ervisius de Bellovidere dedit... Boneval(lensi-
bus)..., pro anima fratris sui Rostagni..., per manum
domni Hugonis abbatis Bonevallis, in presentia domni
Alexandri abbatis Cisterciensis, feudum....Testes.... Guigo
Rufus, maritus sororis Ervisii, et magister Berardus...
Laudavit uxor Guigonis Ruffi, soror Ervisii....; laudavit
Petrus Peyllarz, ministralis Ervisii.

45

... Gauterius queque Cunilz de Revel, qui hoc feudum...
ab eodem Ervisio tenebat, dedit....; promittens quod, si
avunculus suus Manasses.... calumniam... moveret...., se
opponeret..... Testes : Petrus de Turre, Petrus Adoardi,
Honoratus, Willelmus de Moyfone, Andreas de Vireu,
Burno de Bello Videre, Hugo de Suireu et Philipus de
Suireu, monachi Bonevallis.

46

Hugo Morardi de Pineto... dedit... Boneval(lensibus)...
mansum... Hoc laudavit Rogo frater ipsius... Parvo autem
elapso tempore,... presente Garina uxore fratris sui
Rogonis jam deffuncti, cum filiabus suis, neptibus Hugonis,... donum... confirmavit... Nomina autem filiarum

sunt Ricarda, Hugona et Galiana... Testes... Humbertus de
Parzia..., Willelmus Guenisii de Pineto et Fulco de
Tornui..., fidejussores... ex parte Hugonis Morardi.

47

Notum.... quod Petrus Rovoyria et tres filii sui, vide-
licet Villelmus, Gaufredus, Martinus dederunt... Bone·
val(lensibus)... pratum.... Hoc fuit factum in cimyterio
Bonevallis, anno ab Incarnatione Domini M°. C°. LXX° VIII°.
Testes sunt......; laici vero Guenisius de Boscescllo et
Symphredus Rovoyria, cum tribus filiis suis Burnone,
Titberto atque Hugone. Uxorque Petri Rovorie... laudavit...
Testes... Martinus Rovoyria, Petrus Rata et Espellis.

48

Raymundus de Argentione et fratre(s) ejus, Manfredus
scilicet et Petrus, et soror eorum Galiana dederunt...
Boneval(lensibus)... terram.... Laudaverunt pariter et dederunt mater eorum, et Hugo patruus eorum, et uxor
Odonis Chays... Testes.... Willelmus Maurinus, Willelmus Fetamaura, Burmundus Rolandus, filius ejus, Johannes Jacob, Albertus Blancardus, Blancardus cognatus
ejus, Petrus Hiricus, Humbertus Calet, Willelmus de
Valentia, Hugo Benemissus, Willelmus Odonis, Petrus de
Varona, Willermus Fabri, Guido Garcini, Durannus Ma-
cellarius, Petrus Palpebra, Stephanus et Pontius fratres
ejus.

49

Anno ab Incarnatione Domini M.° C° LXXXI°, quando
Petrus Rovorie voluit cum ceteris nobilibus proficisci ad
expugnandos Albigenses hereticos, Bonevallenses in ap-

paratu dederunt ei CC solidos et unum mulum ; propter quod idem Petrus et W. filius ejus dederunt... eisdem..... partem boschi.... Confirmaverunt etiam.. idem Petrus et Villelmus....., in manu domni Hugonis abbatis..... Laudavit... Gaufredus Rovoyria, filius ejusdem Petri,... apud Viennam.. Testes.. Stephanus Cathena et Johannes de Sancto Claro, Aymo de Ambronayo et Josmarus frater ejus, Soffredus Aalars et Andreas de Gemenz. Hoc ipsum totum apud castrum Sancti Johannis... laudavit Bonafilia, uxor Petri Rovoyrie, et duo filii eorum, Petrus et Siboudus, et Emengarda soror eorum.... Petrus ministralis Sancti Johannis, Gauterius scriptor et Petrus clericus, Durannus de Estrablino et Drodo de Bornay hujus... laudationis fuerunt testes.... Drodo de Bellovidere.... laudavit... et fidejussionem fecit.... Testes sunt Petrus Rovoyria et tres filii ejus, scilicet Willelmus, Gaufredus et Petrus, et Latardus de Pineto, Galannus de Pineto, Drodo de Bornay, Petrus de Sancto Johanne, Morardus Bernutio, Boso cementarius, Durannus de Estrablino, Petrus Faber, Boso filius Bosonis, Bonafilia uxor Petri Rovoyrie. Anno iterum ab Incarnatione Domini M° C° LXXX° V°, quando Petrus Rovoyrie venit ad conversionem in Bonavalle, dedit ipse et quatuor filii ejus, scilicet W., Gaufredus, Siboudus et Petrus,.... Boneval(lensibus) dominium terre Othmari de Bornay....; et precepit Willelmo de Bellovidere....., quatenus.... fidejussionem faceret.... Testes.... Ademarus Senoreti, Guifredus de Peladru, milites...

50

ANNO ab Incarnatione Domini M°. C°. XC°. I°, quo dominus W. de Bellovidere VII idus aprilis vitam finivit, dederunt et confirmaverunt filii ejus, Syboudus et Willelmus, et ipsorum patruus Drodo de Bellovidere et Maria mater ipsius et predicti W...., pro anima deffuncti... Hoc donum fecerunt primum apud Viennam..., in domo Johannis de Bocosello, IIIIº k(alendas) maii. Testes sunt Giroudus abbas Vallis Crescentis[1].., Guigo de Sancto Georgio, Aymo de Bocosello, Guido de Moras, W. Aygras, Giroudus de Neyreu, W. Paners, Drodo de Bornay, Boso Arberti, Stephanus de Candiaco, Johannes de Bocosello, D(ro)d(o) de Bellovidere et Bernardus Vitauz.

Post paucos autem dies predicti autem omnes, scilicet Syboudus et W. fratres, et Clemencia mater eorum, Drodo de Bellovidere et mater ejus Maria... laudaverunt hoc... VIº nonas maii... Hoc etiam totum laudaverunt... W. Rovoyri et Gaufredus frater ejus, cognati eorum.

51

Notum sit.. quod domnus Hugo Bonevallis abbas, anno Incarnationis Domini Mº. Cº LXXº IXº, accomodavit Ervisio de Bellovidere D. solidos Vien(nenses)... et misit ei in vadium quidquid habebat in bosco.... : erat autem ipsius Ervisii pars hujus nemoris dimidia..., due partes Petri Rovoyrie et tertia W. de Bellovidere... Hoc fuit factum ad portam Bonevallis, mense maio. Unde fuerunt testes Amedeus de Sancto Jeorgio, Burno de Voyrone, Johannes de Jonas, Burno de Pusinia. Evoluto autem uno et altero anno..., Ervisius quicquid.. habebat.. in bosco... donavit, anno Domini Mº. Cº LXXXI... Dedit fidejussorem W. de Bellovidere..., apud Viennam..., in palatio W. Rovoyri.

---

[1] Le nouveau *Gallia Christ.* ne connaît pas d'abbé de Valcroissant avant 1625 (t. XVI, c. 538).

Item, anno Domini M^c. C^o. LXXXV°, idem confirmavit..., dato sibi equo pretio XII librarum, qui fuit Stephani
de Chalamunt.

Anno quoque Domini M.C. LXXXIX, quando et solvit
querimoniam quam faciebat s(upe)r feudo quod fuit Hugonis Griennay, iterum ipse et filii ejus Res[']agnus et
Ervis.... laudaverunt.... Testes.... Guido Enchays, Boso
filius ejus, Guigo Balbus, Durantz Pacouz, Aymo de
Pomers, Humbertus Gras, Giroudus Tranchanz.

52

BERNUZ de Sancto Johanne donavit Deo et fratribus
Benevallis mansum...., in manu domni Petri abbatis...
Laudavit Willelmus Bernuz, et habuit inde v solidos..
Petrus vero Rovoyri, de cujus feudo erat,... laudavit.

53

FELICIA uxor Ervysii de Bocosel, laude et assensu filiorum suorum Guidonis et Bartholomei, dedit Boneval(lensibus), pro anima mariti sui et filii sui Ismidonis, in Bonavalle sepulti, et pro Falcone filio suo, quem eidem monasterio donavit.... Actum est hoc anno ab Incarnatione
Domini M. C. XCV, per manum domni Amedei abbatis,
ad januam Bonevallis, in Purificatione beate Marie. Testes
sunt.... W. Rovoyri, Siboudus de Mayreu, Martinus
Rumens, Petrus de Brenco, de Bocosel.

54

.... NOTUM sit. quod ego Lodo de Bellovidere, Lugdunensis electus, dono..... Bonevall(ensibus), videlicet
domno Petro abbati,.... villam.... Willelmus quoque
nepos meus.... laudavit... Testes... Stephanus Lunels...,

Sibodus Rovoria et fratres ejus, Petrus et Simfredus, magister Anselmus et Umbertus de Sancto Jorio.... Sciendum quod... habebant quedam jura, sive in ipsa villa, sive circa..., Rostagnus de Bellovidere et fratres ejus Ervisius et Borno, et item Rostagnus de Colungiis et frater ejus Borno, Boso de Burnay et frater ejus Drodo, Oolardus de Bellovidere et Ademarus de Bellovidere cognatus ejus, et filii Isardi de Bellagarda.... : ut ergo omnes isti..... Bonevallensibus darent..., habuerunt a me... in escambium vel terram vel pecuniam..... Item apud Villam Francam simile donum fecerunt Garnerius de Ulmo et Romanus Troynellus et Durannus de Canalibus, pro se et fratribus suis.... Testes : Willelmus de Bellovidere et Sibodus Rovoria et Petrus Rovoria, filius Burnonis, nepos ejus.... Stephanus de Establino et filii Johannis Lunelli, Andreas et Johannes, fecerunt simile donum...., jubente me Drodone. Testes sunt Willelmus de Bellovidere, nepos meus, Petrus Odoardi.... Jovenz quoque de Loco Dei... dedit quicquid habebat ibi..... Petrus de Sancto Johanne.. dedit mestraliam quam habuerat ibi. Sic etiam fecit et Johanninus, ministralis de Bellagarda..... Tericus de Septimo et Barnardus de Lonel et Johanninus ministralis sunt fidejussores de laude filiorum Isardi de Bellagarda... Testes... Gaudemarus de Jaresio et Martinus de Crimeu...., Petrus de Altafay et Jarento de Pineto.... Fidejussores dedi Tericum de Septimo et Joceranum de Revello, Willelmum de Broen et Berlionem de Burgondio, Drodonem de Burnay et Petrum Umberti, Guigonem Lunel...., Gauterium de Balbeu et Petrum de Altafai, Barnardum de Lonel... Aymo quoque de Bocosello est fidejussor..... Hoc factum est anno ab Incarnatione Domini M°. C°. LX°. IIII°.

55

In prescripto dono... moverunt querimoniam Borno de Revello et Berlio de Vireu, pro se et uxore sua, et xx libras et triginta solidos... habuerunt.... Testes : Sibodus de Vireu, et Oliverius de Revello, et Petrus Amblardi, Melioretus archidiaconus et Ademarus de Bellagarda, qui duo fidejussores sunt de laude Bornonis pueri... ; et ex parte Bornonis senis.... hoc laudavit uxor Berlionis Galicia... Testes : Sibodus de Vireu et Mallenus Rigaudi et Guenisius de Vireu.

56

Notum... quod ego Drodo de Bellovidere, Lugdunensis electus..., pro utilitate nepotum meorum Willelmi et Drodonis..., villam... Benevallis vendens ac donans, habitatores predicte ville ad alium, qui mei juris erat, transtuli locum et ad edificandas ibi domos assignavi....; et... ea libertate donavi.... Scripto mandare curavi et sigillo meo munire... Petrus Rovoria et Rostagnus de Colungiis spoponderunt in fide.... Acta Bonevalli, anno ab Incarnatione Domini millesimo C°. LX° IIII°.

57

..... Ego Willelmus, Sancti Petri abbas, ... dono fratribus Bonevallis.... quicquid... habebat monasterium nostrum infra illos terminos, quos dominus Drodo Lugdunensis electus... in dono... assignavit... Testes........ et Hugo Ruffus, Barnardus (de) Miribello, Hector de Ornaceu, Rostagnus le Colungiis, et Guigo de Corenc et Guillelmus, nepos Guillelmi electi[1] : canonici Sancti Mauricii;

----

[1] Guillaume Ier de Clermont, d'après les divers catalogues des

Guichardus de Antone et Guillelmus Laura et Berlio
Flamnenes, milites; Guitgerius de Portu et Petrus Viennensis, burgenses; et alii quamplures. Acta et data anno
ab Incarnatione Domini millesimo C⁰ LX⁰ IIII⁰, indictione
duodecima, epacta xxvᵗᵃ, concurrente iii⁰, ciclo solari
viii⁰, die Paschali, ii. idus aprilis, luna ejusdem pascalis
diei xvi[1].

58

Notum ... quod ego Drodo, Lugdunensis electus, dono...
monasterio de Sancto Petro......, pro dono quod ipsi, me
volente, Bonevallensibus faciunt..... Villelmus et Drodo,
nepotes mei...., laudaverunt.... Acta anno ab Incarnatione
Domini millesimo C⁰. LX⁰ IIII⁰. Nᵃ : *il y a les mêmes
témoins qu'à la charte cy dessus.*

59

Maria, filia Giboldi de Burnay, et Galdacuis, mater
ejus, moverunt querimoniam Bonevallensibus.... Propter
hoc dederunt eidem C solidos, de quibus habuit ab ipsa
Galdacuis mater ejus et Bonefacius de Murinays xxv.
solidos. Testes sunt de hoc toto : ex parte ejusdem Marie,
Petrus de Verevilla, monachus Bonevallis, et Algodus de

---

archevêques de Vienne : de doyen du chapitre il serait monté sur
ce siège primatial à la mort d'Étienne II. Or, le doyen de la sainte
église de Vienne se nommait, en 1162, Guillaume de la Tour, *de
Turre* (ch. 92) et il avait un neveu appelé Simon de Vinay (ch. 93).
C'est cependant le même personnage qui devint ensuite archevêque
de Vienne, car la ch. 90 rapporte, à la date de 1166, une donation
du doyen Guillaume, *jam nunc Viennensis electus.*

[1] Toutes ces notes chronologiques sont exactes pour l'an 1164,
sauf que le chiffre du cycle solaire était xxv, d'après les tables de
Ducange et de l'*Art de vérifier les dates.*

Murinays, et Bonefacius et uxor ejus Galdacuis, Desiderius de Murinays, frater Bonefacii, et filius ejus Umbertus, Petrus Armanni de Murinays et Philipus de Nerpou; ex parte vero Galdacuis sunt testes... Guigo de Parcia et Ismido de Bocesello, Ademarus Rainaldi et Jocerannus de Revel et Cabertus Runcinus. Acta anno ab Incarnatione Domini M° centesimo LX°. VIII°.

60

Guido de Vireu et Humbertus frater ejus solverunt querimoniam quam faciebant Bonevallensibus....., anno ab Incarnatione Domini M°. C°. XC°. III°, apud Silvam Benedictam.... Unde sunt testes... Acmars de Bautio, W. de Viriaco et Guitfredus frater ejus, Falco de Sancto Georgio, Burno Rovoyri, Melioretus de Vireu, Petrus de Atisseu, Petrus Malleni, Falco Malleni...., Sofredus de Pantzagues. Hoc... laudavit Guigo Erloz ex parte uxoris sue, sororis Guidonis et Humberti.... Galicia quoque mater eorum et Stephanus tertius filius, eodem die, apud Vireu laudaverunt...... Testes : Aesmars del Bauz, W. de Vireu et Guilfredus frater ejus, Guido et Humbertus fratres, Guigo Erloz, Petrus Malleni, Petrus de Atisseu, Petrus de Leemps et Fulco Melloreti.

61

BERNARDUS de Rossillone et fratres ejus, Jocerannus et Hugo, moverunt calumpniam Bonevallensibus.... Tandem... donationem fecerunt in manu Hugonis, ejusdem abbatis... Actum anno ab Incarnatione Domini M. C. XC. III, vI ydus novembris, al Bochal de Charroys. Unde sunt testes.... W. de Anneres et Gauterius frater ejus, Petrus de Illata, Petrus de Palude, Girinus Longus, Petrus de

Columber, Soffredus de Brauna et Guitfredus frater ejus.

62

Notum sit omnibus quod quedam matrona de Septimo, nomine Villelma, que fuit uxor Bosonis Alberti,.... dedit... domui Bonevallis... feudum... Nantelmus de Bellagarda et Lattardus de Pineto, laudantibus et jurantibus etiam hoc totum Willelmo filio predicte matrone et Margarita filia ejus..., ante hostium domus ejusdem matrone, anno Dominice Incarnationis M°. C° nonagesimo VIII, in mense marcii. Testes sunt..... Rostagnus Aygrath miles, Boneri, Ambrardus Boneri, Desiderius de Porta, Chaci Leura.

63

.... Vivianus de Revel, in Bona Valle asportatus, dedit Deo et predicto monasterio.. pro censa...., anno Domini M°. C°. XC°. VIII°. Testes... Drodo de Bornay, Hugo Groserz, Petrus de Illata, Andreas de Meyulan.

64

.... Umbertus Ervisii donavit Deo et monasterio Bonevallis.... denarios annuales....; confirmante Guigone Ervisio fratre ejus..., apud Bon(am) Vall(em)... Testes..... Ricardus de Bocosello, Guigo de Aygola, Willelmus de Clavaisun. Actum anno ab Incarnatione Domini M°. C° XC°. IIII°.

65

Ego Falco, Valentinus episcopus[1], presentibus et futuris notum facio, testimonio hujus scripture et aucto-

---

[1] Sur cet évêque, voir le *Cartul. de Saint-Pierre du Bourg-lès-Valence*, 1872, p. 21, n. 1.

ritate proprii sigilli, quod, mortuo Lamberto de Sancto
Nazario, Lambertus decanus, Rico, magister Senioretus,
Johannes sacerdos, Jarento de Bisatgio, Petrus de Sala,
Poncius Biza, Umbertus de Valencia adierunt presentiam
nostram, dicentes se rogatos testamento Lamberti interfuisse, in quo domo choerente [1] ante et retro domui que
dicitur Turris et ipsam turrim reliquit domui Bonevallis,
pro anniversaria die sua et Pictavine uxoris sue, ut pictan-
cia fieret conventui Bonevallis pridie k(alendas) julii : et
si aliquis propinquorum suorum hoc relictum et alia que
suo testamento reliquerat inquietaret, omnium que testamento suo ei reliquerat vel reliquisset jacturam pateretur,
et aliis lucro cederet qui hoc observare vellent ; nos vero,
tantorum virorum testimonio plenissimam fidem habentes
et omnia solempniter acta considerantes, auctoritate nostra publicati testamenti robur impartimur. Acta sunt
hec in curia nostra Valentie, anno Incarnationis Dominice
M°. C°. XC°. VII°, mense julii, sedente in urbe Celestino
papa, regnante Henrico serenissimo Romanorum imperatore. Testes sunt Willelmus de Bello Videre, Petrus vicarius, Durandus de Turnone, W. Bos, W. de Bellomonte,
L. bajulus, B. filius ejus, Guigo de Turnone, Johannes
Gauterii, Andreas Otgerii, W. Jonanis, Bernardus Marescalcus et alii quamplures. Ego Jacobus, domini episcopi
notarius, x° anno pontificatus ipsius, presentem cartam
mandato ejus scripsi.

66

..... Ego Falco, Valentine ecclesie episcopus, laudo et

---

[1] Il faut certainement lire *domum coherentem*.

concedo tibi Hugoni abbati Bonevallis. .. domum quam Lambertus de Sancto Nazario... donavit...... Anno... M° C°. XC°. IIIJ°, pontificatus nostri anno vij°, sedente in urbe Celestino papa, regnante Henrico s(erenissimo) Rom(anorum) imp(eratore). Testes sunt Petrus Boso, magister Petrus de Maseng(iis), Humbertus de Valentia, Humbertus de Burgo, Petrus de Castro Duplo.. Ego Jacobus, domini episcopi notarius,......

67

Autre lettre dudit évêque pour le même sujet que ci dessus, de l'an M°. C°. XC°. VII°. Testes sunt Amedeus Bonevallis abbas...., Po. Benedictus, magister Helias, Radulphus Orsel, Lambertus de Alexiano, Umbertus de Castro Bucco, Bonitus, Humbertus Charavella, W. Bondonz, W. Orsens, P. de Cabeolo, B. Monetarius, Po. de Podio, Durannus de Turnone legista, W. de Bellovidere, Guigo de Turnone, P. de Sal(iente), Po. Bisa, Arbertus de Chaurelas, Martis Chasta, L. Enginuator, Johannes Faber de Castronovo.. Ego Jacobus, domini episcopi notarius(,....).

68

Notum... quod Petrus de Conquers, burgensis de Romanis, dedit... Boneval(lensibus) locum quemdam apud Romanos.... Aynardus archiep(iscopus).. laudavit..., anno... M°. C° XC° octavo.... Testes sunt domnus Andreas abbas Liuncelli, Petrus de Faramanno, Stephanus de Ansa, Garnerius Anglicus,..... Humberti de Duennay, Armanus de Lausana, Pet(rus) de Arlea,... Aymonis Chaberti, Latgerii Prael, Willelmus de Croses, Bernardus Giroidus.

69

..... Ego Bona Donna, que fui soror Nantelmi de Chatunnay et uxor Hugonis de Miribello de Valclareys, et
duo filii mei Humbertus et Nantelmus... remittimus
domui... Bonevallis querimoniam... super terra quam
dederamus, ego et Hugo maritus meus et filii mei et Aymo
ministralis noster... Hanc fecimus ego.... et Jacuara filia
mea et Guigo Rostagni, qui aliam filiam meam habebat
uxorem... Confirmavimus.. omnia... ab Humberto de
Chatunnay, patre meo, et Humberto et Nantelmo, fratribus meis...., anno Domini M⁰. C⁰. XC⁰ V, apud Mirabel,
VIII k(alendas) maii. Testes sunt.... Petrus Gala, Petrus
Ardenez, Johannes Ferlays, Bernardus Ferlays, Hugo de
Mirabel, Artaldus Ricardus, Bernardus Gras, Bernardus
Rolanz, milites de Mirabello; Gaufredus Lubez et Guido
frater ejus, domicelli, et Guido de Duennay.... Raymues,
uxor supradicti Guigonis Rostagni,... laudavit., apud
Altam Ripam, ad portam ejusdem castri. Testes.... Aes-
mars filius Hygonis de Bellagarda, clericus, Amedeus de
Altaripa et Soffredus frater, Girardus de Basternay, Aes-
mar de la Rovoyri, Falco Borelli.

70

NOTUM... quod duo milites de Bellagarda, Nantelmus
Syfredi et Latardus, fecerunt excambium Bonevallensi-
bus..., quod acquisiverant a quadam domina de Septimo
....Bonevallenses vero..... predictis militibus... vineam ,
quam eis donaverat Aesmars Raynaldi..., laudante filio ejus
Falcone Rainaldi..... Anno Domini M⁰. C⁰ XC⁰ VIII⁰.....

71

NOTUM... quod Humbertus de la Garda dedit... Bone-

vall(ensibus) quamdam domum de allodio suo, in loco
qui dicitur li Garda... Hoc fecit in manu domni Amedei
abbatis..., laudantibus..... Fredeburge uxore sua et
filiis suis Bernardo.., Guigone et Humberto clerico....
Testes sunt.... Petrus frater domine, Raynerius de Ecclesia, Humbertus nepos Humberti de la Garda, Willelmus
Girini, Giroldus Chays, Willelmus Blanchet, Petrus de
Cros, Petronilla soror domine... Anno... Domini M°. C°.
XC° nono, III° nonas augusti, in eadem domo.

72

...... Villelmus Capellani de Ornaceu solvit... Bone-
vall(ensibus) querimoniam..., ex parte uxoris sue... et
Aymoni Bellet, qui erat ministralis. Hanc solutionem fecit
apud Ornaceu, in domo sua...., ipse et uxor sua Besan-
cuma et mater uxoris ejus Aalays.., cum marito suo Bernardo de Aygola. Testes.... ex parte patris : frater uxoris
predicti Villelmi, Bernardus et Johannes fratres ejusdem
Villelmi, Durannus Belluns. Hoc laudavit Petrus filius
ejus, sub dictis testibus.

73

UMBERTUS de Mirabello de Valclares et Nantelmus frater ejus moverunt querimoniam Bonevallensibus super
rebus quas acquisierant a patre et matre eorum....; ipsi
et due sorores eorum... iterum juraverunt. Actum anno
Domini M°. CC°, apud Mirabellum in burgo. De hoc judi-
ces... Villelmus de Mentole, prior Sancti Donati, Siboudus de Valle, Petrus Aesmari de Chasta... Fidejussores...
Artaudus, Hugo, Poncius, domini de Mirabello. Testes....
Petrus de Marcas clericus, Petrus Ysardi, Raymundus
Ricardus, Andricus de Mirabello, Johannes Ferlays pater

et filius, Bernardus Ferlays, Petrus Gala, Torres, Petrus Don.

74

.... Oliverius de Pinet donavit... Bonevall(ensibus)...., anno Domini M°. CC°, apud Pinetum...., terram... quam donavit ei Jocerannus de Revel. Hoc donavit et laudavit Matilio uxor ejus, Petrus de Sancto Marcello, Fulco de Tornino... Testes... Latardus de Pineto, Arbertus Pegeus.., Guichardus de Soloynieu, Petrus Chaniseus.., Amiguez Trotarius.

75

.... Villelmus, Sancti Petri Vienne abbas,... scimus... domnum Amedeum abbatem Bonevallis... accomodasse nobis XXX libras.., et tradidimus... pascua.... Testes..... Ademarus de Pinet et plures alii.

76. — DE DONO GIRARDI AIMARI DE DENTAISEU.

.... Girardus Aimari.... dedit .. Bonevall(ensibus)... VII sol(idos) censuales... in alodio.... Actum anno Domini M°. CC°. XXXII°, in capitulo dicte domus, presentibus domno Falcone abbate..... ae universo conventu, similiter et Humberto de Boszosello, Girardo de la Porta et Aimaro fratre ejus, Philippo et Rainerio fratre ejus, Jocelino de Moncuc, Berlione et Guichardo fratribus, Guigone Attenulpho et Attenulpho fratre ejus, Drodone de Romaneschas, militibus universis, Johanne de Vercini.

77

....Gaufredus Rovoyri movit querelam Bonevallensibus, super quibusdam terris.... ab Hugone de Miribel et a

Nan telmode Falaverio, dicens eas esse de feudo suo...
Solvit... querelam...; donavit eis illas terras.... et que
habuerant a predecessoribus suis..., in manu domni
Amedei abbatis.... Actum in claustro monas(terii) de Bocosel, anno Domini M°. CC°. IX°, mense novembris. Testes sunt.... Falco vicarius et Falco filius ejus, Audemarus
de Bocosel et frater ejus Petrus, Soffredus de Claromonte,
W. Rovoyri, qui fuit fidejussor.

78

.... Falco et Humbertus de Pineto, pro fratre suo Be-
rardo qui se reddidit ad conversionem.. in domo Bone-
vallis, dederunt..... Spopondit... dominus Willelmus de
Bellovidere..., in domo Bonevallis, VIII kalendas aprilis....
Joceranus prior Bonevallis. Testes : Poncius prior de
Sancto Juliano, Petrus Adoardi, Aymo et Bertra(nnus)
monachi Bonevallis, Johannes et Bernardus conversi,
Amedeus quoque de Pineto.

79

HOILARTH de Moidies et fratres ejus dederunt Deo et
Sancte Marie in Bonavalle totam terram.... Testes sunt
Guichardus Mascherellus et Rostagnus frater ejus, et
Gauterius cognatus ejus, et Siboudus de Bellovidere et
Guillelmus filius ejus. Gaudinus de Casa Nova et uxor et
filii ejus laudaverunt quicquid ad eos pertinuit. Testes
sunt Guigo de Rocheforth, Berlio de Leemps, filius Nai-
mari, Berlio monachus et cellararius, cognatus ejus.

80

ADEMARUS de Bellovidere dedit fratribus Bonev(allis)
quicquid habebat apud... Laudavit Valterius de Balbeu

et Villelmus frater ejus, de quorum alodio erat; similiter
Hoilardus de Moidies et Villelmus, cognati ipsius Ademari....... Sigiboudus de Bellovidere testis est et fidejussor, quod si quis in predicta terra calumpniam moveret,
jamdictus Ademarus ad justitiam responderet : sed et
Gauterius et Villelmus frater ejus et Villelmus de Moidies
hoc modo testes sunt et fidejussores. De laude Gauterii de
Balbeu testis est Gotafridus et Milo de Verneu, et Garinus
Bruni et Bernardus de Cohel, et Mairinus et Mannols.

81

Uxor Gaudemari Archisi dedit... Boneval(lensibus), pro
salute ipsius Gaudemari, pratum... et pascua in toto mandamento de Catunnaico, et in terra de Maireu et de Estrablin et de Erpeu, ad suum jus pertinente... Hoc donum
factum est apud Maireu, in domo ipsius domine, in presentia Bosonis monachi et Petri de Maireu, et Poncii et
Arnaldi predicte domine filiorum, et Johannis bubulci
eorum et Guntelmi de Burnai. Hoc ipsum laudavit jam
sepe dicta domina in ipso prato..., in presentia Andree
Charrer et Petri de Mairea et filiorum jamdicte domine.

82

Umbertus vero de Catunnaico dedit eisdem fratribus
aquam... ad rigandum ipsum pratum... Postea Poncius
et Arnaldus, predicti Gaudemari filii,... laudaverunt, in
presentia Guidonis et Boslegni et Bosonis et Desiderii et
Umberti et Petri, monachorum, et Asterii et Milonis et
Johannis, conversorum, et Blancheti et Jordanis, et Petri
Giroldi et Gauterii patrui ipsorum, scilicet Poncii et Arnaldi.

83

UMBERTUS de Catunnaico, cum uxore sua Atiburge et filiis suis Nantelmo et Umberto, dedit fratribus Bonevallis quoddam pratum... Hoc factum est in presentia Bosonis, predicti loci monachi,... et Umberti de Catunnaico et Petri del Connet et Nantelmi, Sancti Petri monachorum, et predicte Atiburgis et Siboudi Calveti, Petri Boschaz, Johannis Galchis, Johannis de Maconeia, Martini de Maconeia, Petri Pela.

84

UMBERTUS de Catunnaico dedit fratribus Bonevallis de alodio suo..., in mandamento de Catunnaico, pascua... versus Maconeiam, versus Meiulam, versus Strablin... Laudante uxore sua.

85

UMBERTUS de Catunnaico, eo tempore quo apud Bonam Vallem venit ad conversionem, dedit.... in toto mandamento Catunnaici pascua....; sed et si filios suos Nantelmum et Umbertum sine heridibus *(sic)* mori contingeret, ipsum Catunnaicum universaliter.... dedit... Hujus rei testes sunt domnus Gocewinus abbas Cistercii, Guido monachus, Bonitus monachus.

86

..... Umbertus de Catunnaico... eclesie Bonevallis dimisit.... tres solidos de annuo censu molendini sui......

87

FULCO de Revello, cum infirmaretur ad mortem, dedit...

Boneval(lensibus)... duo curtilia.... apud Burnay... Hoc donum laudavit uxor Fulconis, et Othmarus et Falco de Corp, fratres predicte domine, qui etiam testes sunt inde, et cum eis Guigo et Garinus de Parzia, et Falco prior de Tordon, Gabertus Runcinus, et Petrus Pelliparius et Rainaldus conversus.

88

Poncius de Mayreu... dedit Bonevalli quicquid habebat in mandamento de Chatunnaico, excepto castello...... Testes : domnus Petrus abbas Bonevallis, in cujus manu hoc fecit,....

89

..... Umbertus junior de Catthunnayo in extremis suis dedit Bonev(allensibus) partem de Bletunncio, que se contingebat... Laudavit pater ejus Umbertus, et cum sorore sua, Bona Donna, Nantelmus frater ejus... Testes sunt predicti et cum eis Sibodus de Meulano conversus, Aalardus de Loco Dei, Barnardus de Macioneya, Monestroldus claviger, Guichuns, Silvius, Girardus Rachaz, Petrus Bernardi, Petrus de Bocosello, qui erat de familia de Meulano.

90

Guinafredus presbiter dedit ... apud Meylanum..., per manum Hugonis abbatis Bonevallis...,Hoc... laudaverunt Girardus frater Guinafredi et Martinus puer et Bernutio de Sancto Johanne... Testes... *(religieux)*, Petrus de Sancto Johanne ministralis... Anno ab Incarnatione Domini M⁰. C⁰ LXXXVII⁰..... Donationem fecit predictus Girardus, frater Guinafredi presbiteri..., anno M⁰. C⁰. LXXXIX⁰.....,

quando perexit Jerosolimam..... Habuit... Drodo de Bellovidere, cujus laude.... firmata est, x libras; Bernutio et
Drodo de Bornay et Petrus de Sancto Johanne ministralis, c et v solidos.

91

.... Berardus prior de Artasio dedit fratribus Bonevallis
in perpetuum decimas terre Guinafredi, que est apud
Meulan...., anno Domini M°. C°. XC°, vi° k(alendas)
januarii. Testes.... David de Bellovisu et Girardus Man-
cellarius..... Laudaverunt Bernuz de Sancto Johanne, habitis inde LXX solidis, et Borno filius ejus, qui habuit
IJ solidos, et Villelmus Bernuz, nepos ejus, qui habuit
IJ solidos.

92

...... Ego Villelmus de Turre, sancte Viennensis ecclesie
decanus, donum quoddam, quod fratribus de Bonavalle..,
anno.... M°. C°. LX°. II°, feci..., scripto notifficare de-
crevi..... Est quedam terra que dicitur de Stranbino, et
ejus mete et termini...... designantur.......: due partes
totius hujus predicte terre... ex parte patris mei me contingebant, tertia vero ad uxorem Humberti de Bellagarda....
Ego Villelmus decanus..., per manum domni Stephani
Viennensis archiepiscopi..., laudavi... domno Petro Bonevallis abbati........ Hanc..., me volente. ., laudaverunt..
nepotes mei... Raimundus et Villelmus et Bernardus, canonici Sancti Mauricii, et Villelmus de Castellione, miles..
Sunt testes subscripti. Signum Boniti et Soffredi de Claromonte et Villelmi de Pinnano, monachorum. S' Melioreti archidiaconi. S' Hugonis Ruffi. S' Compainonis capellani. S' Guitgerii de Portu et Berlionis de Sancto Georio

et Johannis de Sancto Claro. S' Guigonis de Geria et Asterii de les Ayes et Petri Boniti. S' Petri Euvroldi et Desiderii fratris ejus, et Falconis de Palacio. S' Johannis Burgensis et Milonis. Item predictus Villelmus de Castellione et Oliverius frater ejus laudaverunt apud Turrem..., et dederunt fidejussores Villelmum Guenisii et Soffredum fratrem ejus, et Guidonem Berardi. Testes sunt Boso archipresbiter de Turre et Hugo nepos ejus, Simon de Vireio et Hugo Discalciatus, Villelmus Malesmans et Nicholaus Latro.......

93

Simon quoque de Vinnai, nepos meus,... laudavit... et dedit fidejussores Humbertum de Sancto Georgio et Petrum Guigonis : unumquemque pro quingentis solidis. Testes sunt Villelmus Falconis, Johannes de Sancto Georgio, et Joffredus de Verevilla et Nantelmus Ysardi.

Hugo quoque de Molari et Nicholaus Gauterii, nepotes mei,.. hoc.. laudaverunt. Testes sunt ipsi et predicti monachi, et Anselmus de Martel et domnus Villelmus Maurianensis episcopus.

Extat autem de hoc dono solempnis carta..., bis in eadem pelle scripta et in presentia domni Villelmi decani et nepotum ejus, Raimundi ministralis et Bernardi Alamanni et Melioreti archidiaconi.... per alfabetum divisa...: altera apud Viennam, in majori ecclesia, altera apud Bonam Vallem servatur reposita.

94

NANTELMUS de Chatthunnayo et Umbertus frater ejus.... dederunt fratribus Boneval(lis) quicquid juris... in terra de Estranbino, quam Willelmus Viennensis decanus et Umbertus de Bellagarda vendiderant eisdem... ; et habuerunt 450 solidos.., Berlio quoque de Monte Falconis habuit de hac re XL solidos. Hoc totum laudavit... Umbertus de Catthumayo, monachus, pater predictorum fratrum, et Bonadonna, soror eorum. Testes : domnus Petrus abbas Bonevallis, per cujus manum hoc factum fuit apud Catthumayum, Soffredus et Willelmus de Pinnano, Ervisius et Sibodus monachi, Arnardus de Mayreu, Willelmus Girardi, Umb(ertus) de Bellagarda, Petrus de Molneto, Durannus Villicus, Aalardus de Loco Dei, Ervisius de Somons, Maconeya et Johannes Galchis....... Domnus Stephanus Viennensis archiep(iscopus).....

95

.... Umbertus de Bellagarda tertiam partem terre de Estranbino, laude et consensu uxoris sue Esclarmundie, de cujus jure erat, dedit... Bonevall(ensibus)..., acceptis 400 solidis....; et promisit... filios et filias suas, cum ad etatem laudandi venirent,.. laudare facere. . Et dedit fidejussores Nantelmum de Challumayo et fratrem ejus Umbertum, et Petrum de Molneto... Hoc factum est per manum domni Petri abbatis Bonevallis. Testes sunt Soffredus et Villelmus de Pinnano, Ervisius et Sibodus monachi, Arnaldus de Mayreu et Durannus Villicus, Aalardus de Loco Dei et Ervisius de Somonz, Maconeya et Johannes Galchis et Willelmus Girardi, qui predictum donum laudavit et uxorem suam laudare faceret promisit... Item apud Altam Ripam Hugo de Bella Garda, frater predicti Humberti,.... se et Sibodum de Claromonte et nepotem ejus Giraldum de Lay fidejussores dedit... Item apud Pinetum fecerunt fidejussionem, jubente Umberto, Wil-

lelmus Guenis et Latardus frater ejus, et Rorgo de Revello et Petrus Umberti. Testes sunt Guigo de Parzia et
Willelmus Girardi, Umbertus Gauterii et Petrus de la
Festal, Aristotiles et Arnaldus de Mayreu, qui etiam laudavit... Item apud Bellamgardam, jubente Umberto et
uxore ejus Esclarmundia, fecerunt fidejussionem... Berlio
Falconis et Petrus de Altafay et Willelmus Othmari.....
Testes sunt Sinfredus de Bellagarda et Ademarus Bestenz, frater ejus, Willelmus Othmari et Martinus capellanus de Bellagarda.

96

In terra de Strambino, in parte Umberti de Bellagarda
mov(erunt) calumpniam fratribus Bonevallis Guenisius de
Bociosello et fratres ejus, asserentes quod portio Umberti
erat de feudo suo.... Mediante tandem Petro Rovoyria, qui
sororem eorum habebat uxorem, dederunt Bonevallenses
eis 220 solidos,/., scilicet xl Guenisio, xl Petro Rovoyrie
et uxori ejus, xl Willelmo de Bociosello, xl Aymoni,
xl Silvioni, Hermengarde vero eorum matri xx; et
propter hoc et pro salute sua et patris sui Willelmi...
concesserunt predictam terram et quicquid in mandamento de Chattunayo dederant eis Pontius de Mayreu et
frater ejus Arnaldus, excepto castro.... Fidejussores..
Senioretus et Gauterius de Chesa Nova... Testes : Ate-
nulfus de Dentayseu, Jocerannus capellanus de Chesa
Nova, Petrus Rovoyria, Willelmus Crassus, qui etiam hoc
laudavit, et Petrus Adoardi et Boso de Revello, monachi,
qui apud Chesamnovam predictos fidejussores acceperunt
et apud Bocosellum, ex parte Willelmi, Ervisium senem
et Petrum Richardi... Testes : Willelmus de Mattaisina,
Hotmarus de Girunnay, Stephanus de la Fraita, Petrus de

Solario, Falco de Rochifort ; ex parte vero Aymonis fidejussionem fecit Burno Rovoyria, qui et inde est testis et
cum eo... Boso de Burnay.

97

POST mortem Humberti de Bellagarda, uxor ejus
Esclarmundia et Hugo frater ejusdem Humberti, pro
emendandis predictis undecim libris, quas Guenisius et
fratres ejus habuerunt a Bonevallensibus, simul etiam pro
Duranno ministrali pacificando, dederunt eis illam partem... que ad ipsam Esclarmundiam vel filios suos pertinebat... Hoc fuit factum apud Meolanum, anno.... M°. C°.
LX° IJ°. Testes... Sibodus et Nicholaus et Petrus, conversi, et Guigo de Parzia et Willelmus Guenisii......

98

BERLIO de Vienna, frater Amblardi Rachaz, et Hermen-
garda uxor ejus et filii eorum, Berlio, Willelmus et Drodo,
cum sorore sua Berliona, querimoniam quam de territorio Strabini faciebant Bonevallensibus remiserunt....,
mediante magistro Anselmo et Villelmo Dodonis et
Johanne de Sancto Claro.... Testes.. Milo Heunucus,
Asterius de les Ayes et Umbertus filius ejus, Petrus Boniti
et Latardus filius Johannis de Sancto Claro.

99

VENERABILI et karissimo nostro Hugoni, abbati Bonevallis, ... ego Willelmus, Sancti Petri Vienne abbas,...
dedi... quicquid.... in territorio Estrabini, sicut ex donatione seu venditione quam fecerant... Willelmus decanus,
jamnunc Viennensis electus, et Humbertus de Bella Garda,
et Nantelmus et Humbertus de Catunnayo... Testes...

4

Girardus Chaners, el Joso de Brenis, el Hugo Chapay-
runs.., magister Anselmus el Johannius, Johannes de
Sancto Claro et Amblardus Boneyria...Carta... in ecclesia
Bonevallis et in nostra eque habetur reposita, acta anno
ab Incarnatione Domini millesimo C° LX°. VI°.

100

Notum... quod ego Umbertus, prior de Catunnayo,
hec omnia que in prescripta carta assignantur vel de jure
generis mei et meo largita......., et pratum de Valle quod
filius meus Umbertus reliquerat...., donavi fratribus
Bonevallis... Testes sunt domnus Hugo abbas Bonevallis....... Hoc totum laudavit Nantelmus filius meus, cum
uxore sua, accepto beneficio pro hoc ipso a me Umberto.
Durannus quoque Eschaci, cum uxore sua, avunculus
Barnardi de Maconeya, a quo Barnardo ego emeram partem predictarum, hoc totum laudavit; et de laude isto
rum Nantelmi et Duranni sunt testes : ego Umbertus prior
de Cattunayo..., Johannes de Martinina et Barnardus
Chauroz, Johannes Galchis et Barnardus Galchis, Bonitus
et Giroldus de Monte.

101

Nicolaus de Sancto Germano dedit.... Bonevallensibus
dimidium mansum, situm apud Cuiillimum.... Laudaverunt illud filii predicti Nicolai, Hugo de Sancto Germano, .
et Haenricus et Tranquerius et Petrus et Barnardus. Hic
mansus est liber a ministrali[1] et a jure villanagii. De hoc
sunt testes supradicti omnes et Barnardus Guenisius.

---

[1] Le manuscrit porte *ωmistrali*.

102

Vill(el)mus Girardi, ex parte uxoris sue, sororis Arnaldi de Mayreu, et Villelmus Archisus, cognatus ejusdem Arnaldi, moverunt querimoniam Bonevallensibus....; determinationem autem posuerunt... arbitrio Ademari Senioreti et Guigonis de Parzia..., et laudante Arnaldo dixerunt ut Villelmus Girardi et Villelmus Archisus darent 500 s(olidos).

103

Notum sit omnibus quod Bonevallenses et domini de Cattunayo, Nantelmus videlicet et pater suus Umbertus, discordabant quondam de meta territorii de Stranbino.... Hec igitur meta renovata tendit a predictis fagis usque ad veterem rafurnum......

104

Petrus Terrerius, de Chatunnayo, movit querimoniam fratribus Boneval(lis)... Hanc solvit penitus..., anno Incarnationis Dominice M°.C°.XC°, et habuit vi solidos.. Testes Willelmus de Moyfone et Algo, in cujus manu... hoc laudavit, et Andreas de Viriaco, monachi, Johannes de Duriosia..., Petrus de Sancto Paulo, de Chatunnayo ministralis.

105

Latgerius et Sada uxor sua habebant jus vilanagii..., quod dederunt Bonevallensibus... Testes sunt.... Johannes Tifauz, Silvio de Sancto Paulo, Petrus de Sancto Paulo...; anno ab Incarnatione Domini M°. C°. XC°, mense aprili.

106

Xpistianus Geneves movit querimoniam fratribus

Bonevallis, ex parte uxoris sue Xpistiane Juste, in rebus apud Maconeyam....; tandem.... solverunt... Testes sunt Guigo de Sancto Georgio, Guigo de Perenchia, Johannes de Durgosi, Girardus capellanus de Chatunnay, Johannes de Chalaysin, capellanus de Sancto Johanne. Acta anno ab Incarnatione Domini M°. C° XC°, mense aprili.

107

Agatha, uxor Johannis Tifaut, et Doa, uxor Duranni Sarpel, duorum fratrum, habebant jus vilanagii..... apud Maconeyam....; dederunt.. Boneval(lensibus). Testes sunt ..Petrus Gays, Andreas Ruffus, de Guillin. Acta anno M°. C°. XC°.

108

....Solvit Semia, filia Suffisie, querimoniam Boneval(lensibus), accepta emina siliginis. *(Sans date ny témoins.)*

109

Hugo filius Esclarmundie vendidit Bonevall(ensibus) unum sestarium siliginis annuale..., et habuit c. solidos; mater vero ejus, tres solidos; duo fratres, Jordanus et W., duos edos. Testes sunt W. de Neyreu et Giroudus frater ejus, Amblardus Bunerii, W. Aygratz, Sibondus Andree. Factum fuit hoc apud Bonam Vallem; mater ejus et duo fratres laudaverunt apud Septimum.

110

Rostagnus de Chacins, de Chesa Nova, in extremis suis dedit... Bonevall(ensibus) 2 denarios annuales, quos debebant ei pro terra de Cumba de Valle. Testes sunt Aesmars Senioreti, Aesmars de Romanesches, Gauterius Malez et Girardus Galioz.

111

.... Rostagnus de Colunges solvit querimoniam quam faciebat super territorio de Estrablin....., anno ab Incarnatione Domini M°. C°. XC°. IIII°, apud Bonam Vallem, in manu Amedei abbatis. Testes sunt Drodo de Bellovisu, clericus, W. Rovoyri, Gerento de Cervi, Drodo de Bornay, Vivianus de Revel, Rostagnus de Insula Sancti Wilbarii et Guigo cognatus ejus.

112

PETRUS Pontrens donavit Bonevall(ensibus) quicquid habebat in Alvierio.....; laudaverunt duo fratres supradicti Petri, Amblardus et Martinus, apud Quireu, in domo sua, presentibus matre eorum Galiana et Petro fratre eorum, anno... M°. C° XC° V.

113

NOTUM.. quod inter Bonevallenses et Uldricum Garnerium fuit multo tempore controversia, pro quodam nemore.... Bonevallenses ostenderunt scriptis et testimonio Berlionis de Monte Falconis, qui ante eum castri de Chatunnay custos fuerat et patronus, quod Nantelmus de Chatunay, qui ipsum nemus abstulerat..., in extremis usurpasse cognovit........ Domnus Amedeus abbas... precepit, ut qui ad Givas post mortem Nantelmi interfuisse dixerunt, dicerent veritatem....; hoc idem precepit Uldricus Garnerius hominibus suis super sacramento quo ei tenebantur astricti..... Nemus... reddidit, anno ab Incarnatione M°. C°. XC° VI°... Testes : Aesmars de Romanesches, Petrus de Sancto Paulo, ministralis de Chatunay, Bumpars de Ornaceyo.

114 .

Ego Martina, uxor Guidonis de Moras,... dono Boneval(lensibus) omne jus in territorio.... Hoc feci apud Septimum, in domo mea, presente marito meo et filio meo Raimundo, anno.. Mº. Cº. XCº VIIº. Testes.. Giroudus de Neyreu, Petrus Channars, Garnerius de les Estaches....., Guifredus de Palude, Giroudus de Burbuel, Martinus Chablas, Matheus de Anneres et Otmarus frater ejus, Guigo de Chastellun, Giroudus de Castaneto, Guigo de Jarez, Johannes de Planeysi, Garnerius Englicus, Guigo de Sancto Georgio, Johannes de Jonas, Martinus de Moyreue, Stephanus de Ansa, Silvionus et W. de Provaysieu, Radulfus de Ponte, Johannes de Pusinnia et Humbertus Poncii de Jares.

115

...... Controversia inter Bonevallenses et Uldricum Garnerii, dominum de Chatunnay,.... (de) hoc quod acquisierunt a Bona Donna, sorore Nantelmi de Chatunnay, et a filiis suis....., Berlio de Munfalcun ipsos terminos posuit.....; si quid vero controversie inter eos et successores...., ante Berlionem de Munfalcun et Ismidonem de Vienna debent venire..... Actum.... Mº. Cº. XCº Vº, apud Viennam, in camera domini Aynardi archiepiscopi. Testes.... Berlio de Monfalcon, Aesmars de Romanesches, Ismido de Vienna, Petrus Vallins, Stephanus Cathene. Ego Aynardus, Viennensis archiepiscopus,..... sigilli nostri appositione confirmamus.

116

... Ego Jocerannus de Revello et frater meus Bertran-

nus donavimus.... Bonevall(ensibus), in manu domni
Hugonis abbatis, quicquid in parrochia de Macioneya;
unde et abbas et fratres ejus fratrem meum pro monaco
susceperunt...... Fidejussores : ego Jocerannus et avunculus meus, Petrus Umberti et Fulco de Tornino.....

117

Hugo de Moncuc vendidit Bonevall(ensibus) quicquid
in parrochia de Macconeya..... Hoc laudavit Guichardus,
frater Hugonis de Moncuc.... Fuerunt sponsores Aymo de
Bocesel, et Ademarus Senioreti et Guenisius de Porta. De
laude quoque infantum Hugonis de Moncuc, cum ad
etatem laudandi venerint... Testes... Rollannus de Den-
tayseu et uterque Rostanus de Porta, pater et filius,
Xpistianus Elmeras et Guigo Elmeras, Bosmundus et
Attenulfus de Dentayseu, Pascalis de Insula et Nantelmus
Frances, de Falaverio, et Aymo Vulberti, de Chandeio.
Hoc factum est anno ab Incarnatione Domini Mº. Cº.
LXº. VIJº.

118

... Ego Stephanus, Cluniacensis cenobii a'bas, notum
facio dedisse domno Hugoni, abbati Bonevallis, quicquid
monasterio de Artasio in parrochia de Macconeya spec-
tat....; propter hoc dederunt nobis 700 solidos . , vineam
et mansum..., que in usus suos habebit monasterium de
Artasio. Acta.... anno... Mº. Cº LXº. VIJº.

119

Anno ab Incarnatione Domini millesimo centesimo
LXXmo primo, Aymo de Bocesello movit calumpniam fratribus Bone Vallis, in his que emerant a Nantelmo de Cha-

tumayo...: dederunt ei xii libras et sic dedit ipse quicquid juris...; etiam dedit eis quicquid juris in bosco,. et in vivario de Esclosa; retinuit tamen quod ipse et ministrales ejus possent ibi piscari.... Propter hoc.. xii libras habuit ab eis et familiares ejus xxxv solidos.... Testes : Ademarus Senioreti et Guenisius de Porta, Girardus de Rochi et Aymo Follapes.

120

MARIA Tolvora et filii ejus, Jarento Tolvonis et Hugo frater ejus dederunt Bonevall(ensibus) quicquid juris in decimis de...; et propter hoc habuerunt a Bonevall(ensibus) c et viii solidos, de quibus solidis habuerunt aliquos familiares eorum : nam soror eorum Tolvona, que hoc laudavit, habuit inde iii^or solidos, et Jarento de Arnoldo duos, et Guigo Tolvons duos, et Umbertus de Sonnay duos, et Vivianus de Revello xii denarios et Albertus ministralis alios xii den. ... Sunt fidejussores Nantelmus de Arnoldo et frater ejus Jarento, et Guigo Tolvonis. Hoc factum fuit apud Jarceu, anno..... Mo. Co LXXo Io..... Testes.... Rollandus Boci et Ysardus de Morasio, Guigo de Parzia, et Petrus Asterii et Pontius de Bellagarda.... Umbertus Gauterii laudavit.... Testes : Umbertus de Sonnay, Petrus Pelicers...., Johannes de Spinosa... et Guigo de Sancto Georgio.

121

DURANNUS Levez et Andreas frater ejus et Radulfus, filius Brunonis de Maceoneya, dederunt... fratribus Bonevallis quicquid habebant in Bletoneyo et..... Testes... (religiosi).

122

JOHANNES Quitfauz et uxor Duranni Sarpul, et filius suus et filia dederunt... fratribus Bonevallis quicquid habebant in Bletoneyo.. Testes : religiosi.

Durannus, filius Guilgerii de Macconeya, dedit Boneval(lensibus) in Bletoneyo.

123

..... Johannunus quoque de Martinina... dedit.... similiter ; et Johannes Rachaz dedit eisdem in extremis.... : retinuit ut darent Nantelmo de Chatunnay x solidos, ut uxorem suam et bona ipsius... defenderet... Testes sunt Sibodus Chabaroz et Petrus Granez.

124

DURANNUS Blanchez et Beatrix uxor ejus dederunt alodium suum apud Macconeya, sicut pertinebat ad custodiam Ismidonis de Septimo.

125

SIBODUS, filius Duranni Aalis, et Johannes et Sibodus, filii Xpistiani, et Johannes et Petrus, filii Johannis Peregrini,... dederunt quicquid habebant in parrochia de Macconeya.... Testes.... Othmarus Roydo et Nantelmus de Islata.

126

.... Esclarmundia, uxor Willelmi de Neyreu, usus quosdam... Bonevall(ensibus) dedit in territorio de Macconeya...; et habuit ab eis centum solidos. Hoc laudavit maritus suus, Willelmus, et fidejussorem dedit Willelmum de Bellevidere. Testes sunt Tericus de Septimo et Herardus Andree, et Willelmus Aygraz et Giroldus, frater Willelmi de Neyreu, et Amblardus Boneyri.

127

POSTEA moverunt super hoc querimoniam Bonevallensibus Hugo, filius ejusdem Esclarmundie, et Ado Bruns, maritus Alamande filie hujus Esclarmundie... Tandem Bonevallenses dederunt eis xxx^{ta} solidos, quos habuerunt Hugo et Alamanda et alie due sorores ejusdem Hugonis Maria et Tres Chastelz... ; et sic remiserunt.... Hoc fuit factum in diversis locis, nam Hugo et Ado Bruns fecerunt hoc apud grangiam de Lacreva. Testes sunt Soffredus de Claromonte et Petrus de Verevilla, monachi Bonevallis..., Hugo de Bellagarda et Willelmus de Verevilla, avunculi predicti Hugonis, et Guigo Richarz, de Castro Novo, qui item habuit de drualia hujus rei v solidos Alamanda vero fecit hoc apud Castrum Novum... Testes Willelmus de Verevilla, et Willelmus de Poypia et frater suus Isoardus... Maria autem fecit hoc apud Altam Ripam. Testes sunt predicti.. et Hugo frater ejusdem Marie, et Hugo de Bellagarda, avunculus eorum, Petrus de Altafay et Willelmus de Perait, nepos ejus..... Tres Chastel quoque fecit hoc apud Montem Canutum. Testes sunt Hugo frater ejus..., et Willelmus Trutberz et Willelmus Aylonz, de Crespul.... Hoc laudavit.... maritus predicte domine Guigo Reollarz. Testes sunt Hugo de Bellagarda et Ademarus de Altaripa, et Rolannus de Poypia et Willelmus Tivoleys.

128

JOHANNES de Macconeya movit querimoniam.. Bonevall(ensibus)...., et pro ejus benivolentia retinenda..

dare... ei xii denarios et 3 cartallos siliginis.., et solvit...
Testes sunt.... monachi et Petrus ministralis Sancti Johannis. Uxor quoque predicti Johannis laudavit.. apud
Artasium. Testes sunt prior de Artasio et Bollaz pater
ejus.

129

. Berlio de Bornai, ex parte cognate sue Fulconie, filie
Andree Lunel, movit calumpniam domui Bonevallis...; est
ab eis remissa.. Petrus de Sancto Johanne ministralis
fuit fidejussor. Testes.. Bernardus Marescalcus de Bornai,
Xpistinus de Boxun.

130

... Nantelmus de Chattunnayo.. dedit.. quicquid... in
parrochia de Macconeya... Hoc fecit.. anno Domini
M°. C° LXX° primo, in manu domni Hugonis abbatis, presentibus monachis et conversis, et Humberto de Chatunnayo, et Fulcherio riore de Artasio, et Willelmo Laura
et Ervisio de Bellovidere, et Bonefacio de Ornaceu et
Ademaro de Mayreu, et Will. Girardi et Petro Ayme-
rici. .., Humberto de Miribello et Guidone Ervisii. Et
propter hoc habuit Nantelmus mille solidos a Bonevallensibus..., et quod habere debebant ex dono Pontii de
Mayreu et Arnaldi fratris ejus...., Guigonis de Parzia, et a
Giroldo Amasa..... Dedit Nantelmus fidejussores... Boni-
facium de Ornaceu et Ervisium de Bellovidere..., in presentia Humberti de Chattunnayo, patris sui, qui habuit
C solidos de drualia. — Postea dedit fidejussorem Humbertum de Miribello, qui habuit xx solidos, jubente Nantelmo... Hoc laudaverunt... Montarsina, uxor Nantelmi,
apud Chattunnayum, presente Petro Adoardi; et Hugo

de Miribello et uxor ejus Bona Donna, apud Miribellum, in manu Petri de Verevilla, qui etiam dedit ei ex parte Bonevall(ensium) xxx solidos. De laude uxoris Nantelmi sunt testes ipse Nantelmus et pater ejus Humbertus, Bernardus Bertranni et Giroldus de Munz. De laude Hugonis de Miribello et sue uxoris sunt testes Bernardus de Miribello, canonicus, et Petrus Rostagni, frater ejus, Rollannus Boci, Falco Bernardi, de Crespul, et Guigo Esparuns.

Fecit etiam Nantelmus aliud donum Bonevallensibus....., et dederunt ei CC solidos, et patri suo Humberto L. de drualia et Petro Pela, ministrali Nantelmi, v solidos.

Anno igitur... M⁰. C⁰ LXXVI⁰, Nantelmus de Chattunnayo, infirmitate gravi correptus,.. in testamento... pro patre suo Humberto et matre sua et fratre suo Humberto dedit...., et sic in Bonevallem asportatus deffunctus est et sepultus vii idus augusti.

131

Ego Nantelmus de Chattunnayo... dono... fratribus Bonevallis. Testes.. Joceranuus prior Bonevallis, et Petrus de Turre, et Petrus Adoardi et Burno de Voyrone, monachi ejusdem loci, Berlio de Montefalcone, frater meus, et Gottafridus de Breysseu... Notum quoque facimus quod Humbertus de Chattunnayo, pater meus, et Antiburge mater mea, me et fratre meo Humberto laudantibus, dederunt Bonevallensibus praticulum.

132

.....Petrus Revoyria et tres filii sui, Willelmus, Gaufredus atque Martinus,... laudaverunt... Bonevallensibus quicquid.. in mandamento de Chattunnayo.., Casenove.., de Multeio... necnon Bosceselli... ab avunculis eorum vel ab ipsis... acquisierant... Anno... M⁰. C⁰ LXX⁰ VIIJ⁰.

133

Durannus Blanchet et uxor ejus Beatrix dederunt Bonevall(ensibus) quoddam curtile in territorio de Macconeya.... Testes : Berardus et Willelmus sutor, Johannes opilio.

134

..... Agatha et Doa dederunt Bonevall(ensibus) quicquid habebant in territorio de Macconeya, preter curtile... Laudaverunt Durannus et Petronilla uxor ejus, Johannes et Thomas, et Maria filia Agathe.

135

Anno.... M⁰. C⁰. LXXX⁰ IIJ⁰, Willelmus de Neyreu dedit... Bonevall(ensibus) quicquid habebat in territorio de Macconeyo, ex parte uxoris sue Esclarmundie... Testes sunt.... conversi..., Berardus Andree, qui ex inde habuit v. solidos, et Willelmus Aygras, qui etiam habuit v. solidos.... Fidejussores.. Drodonem de Bello Videre.., Willelmum Rovoyrie. Esclarmundia, uxor Willelmi de Neyreu, et duo filii predicte Esclarmundie, Jordanus et Willelmus, laudaverunt... Fidejussor est Willelmus de Bellovidere. Testes : Stephanus Cathena, pater et filius, Guichardus de Ambronyaco, filius uxoris predicti Stephani, et Milo custos domu.. Bonevallis, Bernardus Boyllans et Berthetus Mallenus, et frater ejus Guitbertus de Leems.

136

Duæ filie Agnetis de Nantuy, Donnez et Maria, et An-

dreas Pasturelz, maritus junioris earum, dederunt Bone-
vall(ensibus) quicquid habere poterant in territorio de
Macconeya, de Strablino, de Meulano et de Chattunnayo...
Hoc fecerunt apud Costam Sancti Andree. Fidejussores
dederunt Guenisium de Bocosel.., Ervisium de Bocosel.
Testes... Bernardus Dudini, Willelmus de Miribel et Armannus de Castellione, canonici, et Othmarus capellanus,
et Ervisius Berli et Aschirius....., Arbertus Confundens
Equum et Ervisius de Bocosel, Petrus Castanea et Aynardus frater ejus, Guillelmus Estachi et Guillelmus Rufus
et Bonus Amicus. Acta..... M°. C°. LXXX° VII°.

137

Willelmus de Bocosello et frater ejus Guenisius, et
Petrus Rovoyria cum uxore sua et filiis suis, moverunt
calumpniam fratribus Boneval(lis) in his.. que fuerunt
Poncii de Mayreu et fratris sui Arnaldi, in mandamento de
Chattunay, etiam in parrochia de Macconeya.., a Fulcherio priore de Artasio, et a Joceranno de Revello et a cognato suo Hugone de Moncuc, et a Nantelmo de Chattunayo, et ab Humberto de Bellagarda et uxore sua
Esclarmundia... Tandem Petrus Revoyria remisit et habuit cc. solidos; Willelmus de Bocesello remisit et habuit
x libras, et mater ejus x solidos et familiares ejus
xx solidos; Guenisius quoque de Bocesello remisit et habuit xiii libras, et pro matre sua xx solidos et pro aliis
familiaribus suis xxx solidos.....; Drodo de Burnay, qui
habuit quinque de prediclis solidis; et Bernucius et Gascons, Petrus Revoiria et uxor sua et filii ejus Willelmus,
Joffredus et Martinus... remiserunt. Testes : Guigo
Lunels...., Ademarus Senioreti..., Guido de Rochifort,
Petrus Richardi...... Domnus Willelmus, Viennensis ar-

chiepiscopus, domnus Willelmus, Maurianensis episcopus, munierunt hoc totum appositione sigillorum suorum,
anno... M°. C°. LXX° I°, mense aprili.

138

DE censa de Mayreu, quam Poncius et Arnaldus donaverunt Bonevall(ensibus), Stephanus Claveuz debet.....,
Zacharias frater ejus debet....., Petrus Reverchons debet......, Zacharius de curtili quod divisit cum uxore
Siboudi de Meyreu debet.. ; uxor Ademari.....

139

DE controversia que versabatur inter milites de Mayrieu
et domum Bonevallis juraverunt Johannes Clavez, et Boso
Escofarius et Durannus Engelboes, et Engelbues li Ramps
et Durannus de Rivo.... Hoc jusjurandum factum fuit
anno.... M°. CC°. I°, mense augusto, in presentia Petri
Gauterii, Joffredi Almagnini et Guiffredi de Chavanz...
Testes.. Nantelmus de Falaverio, Arbertus Malet, Asselmus Cinglez, Petrus Martini, Girardus Sutor, Gauterius
Popom.

140

EGO Ado, Sancti Petri de Vienna abbas vocatus, notum
facio... quod Boso, prior de Chatunnay, dedit ecclesie Bonevallis quicquid ecclesia nostra de Chatunay habebat...
Maconeya.., Beceyo ; et Nomtelmus de Chatunnay laudavit...,per manum Petri della Porta..,anno... M°. C°LXX° V°.
Testes..... Willelmus Laura, Berlio de Palanins, Willelmus de Neyreu, Petrus de Chasvasio, milites, Petrus ministralis Nantelmi, Johannes Maconeya, Iohannes Martinina, et Johanninus et Johannes de Artas...

141

VILLELMUS de Castellione cum uxore et filiis suis dedit Johanni, abbati Bonevallis, terram.... Hoc fuit factum in presentia domni Guidonis Viennensis archiepiscopi, et Girardi de Bucciaco. Feudum hujus terre tenebat ab eo Nantelm(u)s de Moras et a Nantelmo Fulco, ex parte uxoris sue Petronille : qui omnes dederunt Johanni abbati et fratribus Bonevallis. Hujus doni testes sunt Girardus et Armannus de Bucciacio et Armanus monachus, frater hujus Willelmi.

142

VILLELMUS de Castellione dedit Johanni, abbati Bonevallis,.... decimas vinearum suarum, quas possidet apud Bucciacum. Unde testes sunt Girardus de Bucciaco et Ismio de Castellione. Hanc decimam tenebat Girardus de Bucciaco a Villelmo de Castellione, et de Humberto de Chattunaico et de Gauterio Buffavent, qui similiter dederunt Johanni abbati... Testes sunt Girardus de Bucciaco et Bernardus Arrivardus de Pineto.

143

Ego Villelmus de Castellione, cum uxore mea et filiis meis, Falcone, Villelmo, Guigone, dono... ecclesie de Bonevalle in nemoribus meis quicquid fuerit necessarium ad edificandum...., excepto devesso, quod in proprium retineo. Hoc ita confirmato in audientia baronum meorum, me in monachum abbati de Bonavalle reddo. Hujus rei testes sunt Fulcherius de castro   Audeno, Emio de Poipia, Falco Bernardi, Richardus vicarius.

144

... Item notandum quod, de dono hoc quod Villelmus de Castillione taliter confirmaverat in vita ejus, filii sunt conquesti non ita, ut supradicta carta continebat, fuisse peractum. Convenientibus denique supradicto Villelmo sene et filio ejus Falcone, apud Boceu, in presentia abbatis Bonevallis et prioris, et duorum monachorum et Berlionis. Testifficati sunt Armannus monachus, supradicti Villelmi frater, et Girardus de Buceu ita esse ut supradicta carta continebat : hoc itaque testificato, Falco filius ejus confirmavit donum patris ex integro. Testes sunt Paganus de Larnacio, Bonsparus de Urnaceu, et idem ipsi qui supra testimonium protulerunt.

145

Item predictus Falco prius[1] mortem patris sui movit calumpniam fratribus Bonevallis supra dictis donis...., exigens conventiones feudorum que acquisierant a Nantelmo de Moras et a Bonopare de Urnaceo. Sed (de) his et quibusdam aliis placito habito coram non paucis tam militibus quam agricolis, spe sua frustratus....; confirmavit insuper et partem nemoris quam domus Bonevallis adquisierat a fratre suo Guigone, et partem Petri Aendrici de Turre laudavit... Testes sunt Girardus de Boceu, Guigo Arnaudi de Larnajo et Ysardus armiger Falconis.

146

Armannus Cardonus, cum filio suo Armanno, quicquid

---

[1] Lire *post*, pour le motif indiqué à la ch. 34.

possidebat a terra Villelmi usque ad terram Girardi de Bucciaco vendidit Johanni abbati C solidos. Hujus rei testes sunt Girardus et Armannus de Bucciaco.

147

JUXTA terram istam a meredie Bonus par tenebat unum campum a Villelmo de Cartellione, quem nebis dedit pro vinea quadam... Testes : Girardus et Armannus de Bucciaco.

148

DOMNUS Stephanus, abbas Sancti Theuderii, habebat juxta predictam terram campum, quem cambiavit Johanni abbati. Testes : Girardus et Armannus de Buciaco.

149

ARMANNUS de Bucciaco dedit Johanni abbati terram...., laudante uxore sua. Testes : Girardus de Bucciaco, Aymarus et Stephanus de Faramans.

150

ARMANNUS Cardonus, veniens ad conversionem in Bonamvallem, dedit fratribus Bonevallis medium plantum vinee quod ipsi tenebant ab eo...., laudante Armanno filio suo et filia sua Cardona et marito ejus Villelmo Raimundi. Hoc idem Guifredus de Buxo, alterius filie jam mortue maritus, in presentia domini Johannis, Valentinensis episcopi,.... Armanni Chardonnal.

151

POST hec movit calumpniam Armannus, predicti Armanni filius,... Sua igitur recognita injuria,... veniam petivit...., in presentia Ademari prioris et Hugonis de Amo [Anjo], Petri Samson, Gagonis clerici, Guagonis militis de Moras, Rollanni de Moras, Brunonis Belli.

152

Ego Falco de Castellione dono... ecclesie de Bonavalle... censum terre que subjacet vince ipsorum. Testes sunt Umbertus de Cattunnaico, Engelboldus ministralis, Armannus de Boceu....

153

... Gauterius Buffavent de Revel movit querimoniam in decima vinearum apud Boceu; tandem, acceptis xv. solidis, laudavit. Testes sunt Bruno de Ulmo de Vienna, Stephanus Cunils, domnus abbas, Berlio de Casanova monachus, Berlio de Alba Ripa, Boso de Burnai conversus.

154

Post discessum Gocewini de Bona Valle, Falco de Castellione movit calumpniam Guigoni successori suo, in terra de Bucciaco. Deinde.... eidem abbati remisit; insuper... pascua de Urnaceu in terra sua dedit...., in presentia..... Umberti de Miribello et Petri de Bocesello, et Guigonis Ervisii et fratrum ejus, et Hectoris de Chassannacio et Ademari de Pharamanno.

155

Anno ab Incarnatione Domini M⁰. C⁰ L⁰ I⁰, dedit Falco de Castellione fratribus Bone Vallis quicquid investiture habebant ab ipso in toto territorio Urnaceu, jure perpetuo, in presentia domni Gocewini Cisterciensis abbatis, domni Guigonis abbatis Bonevallis, Guidonis, Nantelmi, Stephani, ejusdem loci monachorum, Siebodi de Bellovisu, Guigonis Ervisii, Berlionis de Ulmo, Bonefacii de Murinas.

156

.... Hugo de Argentaico et uxor ejus et mater ejus dederunt fratribus Bonevallis apud Boceu pratum unum... Testes sunt Guigo Artoldi, Bernardus de Chaleu.

157

.... Villelmus de Milleu, cum perrexit in Jerusalem, dedit fratribus Bonevallis quicquid juris habebat apud Bucciacum, per manum Guigonis abbatis, in presentia Rostagni Baruth, Petri de Verevilla....; et in fine vite sue confirmavit, presente Guigone de Parzia. Post mortem autem Villelmi, Isarnus de Bella Garda accepit uxorem ejus et dictum donum abstulit..; et.... restituit..., in domo Guigonis sacerdotis de Milleu, in presentia..... Aimonis de Russilione, et Burnonis de Revello et Humberti de Sancto Georgio, et Petri Humberti et Othmari Ranculfi.

158

.... Aaldis, uxor Galdemari de Monte Calvo,.. dedit... Bonevall(ensibus) quicquid habebat apud Bucciacum..., ut a fratre suo Falcone de Castillione, qui pro 300 solidis in vadimonium habebat, redimerent et filium suum Villelmum in monachum susciperent... Hoc laudavit predictus Falco... Engelboudus quoque de Curtina, ministralis ejusdem Falconis,.. laudavit et habuit equam.... Aaldis et filii ejus, Hugo et Galdemarus et Ademarus,... laudaverunt hoc apud Viennam... Testes sunt predicti et Ismido de Eras, Guigo Lunelli et predictus Falco, et nepotes ejus Hugo et Gaudemarus.... Postea Villelmus de Castellione,

acceptis ab eisdem x solidis, laudavit.. ; et Guigo de
Castellione movit calumpniam... et cessare promisit. Hoc
facto, predicta Aaldis ad portam Bonevallis venit... ibique
obtulit Villelmum filium suum in monachum. Testes :
Ademarus quoque, frater pueri, et Theobertus de Turre,
archidiaconus, qui etiam eumdem puerum, matre jubente,
mox altari majori obtulerunt. Acta Bonevalli, anno...
M°. C°. LX°.

159

... Guigo de Castellione movit calumpniam fratribus
Bonevallis..... Melioretus de Bocosello, quo mediante res
agebatur, rogavit fratres ut Guigoni aliquid impenderent.. :
ergo dederunt quindecim solidos.. et laudavit... Testes
sunt.... Engelbodus de Curtina et Petrus Pineys.

160

Notum sit omnibus tam presentibus quam futuris,
quod Hugo de Argentau, sub cujus tutela et custodia
Oliverius puer olim degebat, eumdem puerum, licet tunc
absentem, cum omnibus his que erant pueri et possidere
debebat, dedit Deo et Beate Marie Bonevallis ad servien-
dum ibi in perpetuum ; et propter hoc habuit idem Hugo
a fratribus XL solidos. Postea vero puer, presentatus fratribus, sicut Hugo disposuerat, sic voluit et laudavit hoc
ipsum ratum in perpetuum haberi. Sciendum autem quod
Falco de Castellione de possessione pueri tantum quasi
in proprium jus usque ad diem quo hec facta sunt rede-
gerat, quantum de ea ad ejus dominium pertinebat. Ea
vero die qua Hugo de Argentau Oliverium et que Oliverii esse debebant Deo et Beate Marie dedit, Falco de Castellione presens fuit et cum fratre suo Villelmo quicquid

tenebat de jure pueri dedit...; habuitque 200 solidos et Engelboudus ministralis ejus quinque solidos, Symon quoque de Ornaceu quinque solidos.... Testes sunt... magister Anselmus, Jarento de Clavaisun, Guigo Ervisii....

161

GUIGO de Parzia, quando voluit ire ad Sanctum Jacobum, venit Bonam Vallem et dedit fratribus, pro salute anime sue, quiquid habebat in parrochia de Arsevo : vineam, pratum, castanetum et peas quasdam. Hec autem redemerunt fratres a Guigone Ervisii centum et decem solidis, et ipse Guigo de Parzia habuit LXII solidos.... Hoc laudavit uxor Guigonis de Parzia et Guarinus de Parzia, frater ejus, et nepotes ejus, Berlio Falconis et Guarinus de Bella Garda, frater ejus. Testes sunt.... Burno de Revello, Oliverius et Guichardus de Revello.

162

FRATRES Bonevallis possident ab abbate Sancti Theuderii feudum qui dicitur Loci Dei, pro cujus plaidcimento dederunt v solidos tantum de mutatione, sicut est mos, priori Loci Dei, Ivoni scilicet ; a quo etiam Ivone simul et a Garino monacho redemerunt fratres tertiam partem predicti feudi xv solidis. Testes sunt inde Boso de Revel, Villelmus de Pinnano, monachi, Petrus Faber, Aimo Carduus, conversi, Elmendricus, Alboini, Pontius de Pratis et Silvio Borelli. Jus vilanagii quod habebant in hoc feudo Petrus Evrardi et Durannus Evrardi, et Petrus Aimini et Pontius Clericus, emerunt Bonevallenses ab eis[1].

---

[1] Le § *Jus vilanagii* était copié sur la marge du ms. original.

163

Umbertus de Miribello dedit fratribus Bonevallis man-
sum...., habitis ab eis CCCC xx solidis..; et dedit fidejus-
sores Berlionem de Montefalconis et Jarentorem de Cla-
vayson, et etiam pro laude filie sue Pontium de Miribello.
Testes sunt... Petrus Dudini, et Guigo Ervisii et frater ejus
Simon... Hanc.. venditionem fecit consensu Guenisii de
Castro Novo, qui etiam ipsum mansum laudavit et habuit
C de predictis solidis. Testes sunt... Guillelmus de Chabiol
et Heustachius de Aleysano..... Humbertus quoque de
Miribello denuo apud Valenciam confirmavit. Testes sunt..
Petrus Dudini et Barnardus de Sancto Genesio. Uxor quo-
que ipsius Umberti, Margarita, et filii ejus, Bonefacius et
Amedeus et Umbertus, predictum mansum laudaverunt..,
in presencia Stephani de Calvicione monachi et Aymonis
conversi. Testes sunt ipsi et Barnardus Prepositus, et
Johannes de la Befa, et Berlio et Willelma domicella; et
Syboudus quoque de Claromonte laudavit id ipsum.

164

Umbertus de Chattunnayo dedit fratribus Bonevallis tertiam partem totius decime de Buciaco..., campum in
pignore a Guigone de Faramanno... Bonevallenses dederunt predicto Umberto xxx solidos et x filio suo Nantelmo,
qui id laudavit cum Berlione de Monte Falconis, qui
itidem habuit inde v solidos......

165

Jarento de Anjoldo et Hugo frater ejus, qui filias
Willelmi de Milleu, Willelmam et Agnetam, conjunxerant
sibi in matrimonio, moverunt calumpniam Bonevallensi-

bus in dono quod fecerat eis Willelmus de Milleu, quando
perrexit in Jerusalem... Tandem in manu domni Petri
abbatis confirmaverunt.... Hoc laudaverunt uxores predictorum militum, Willelma et Agnes. Testes.... Bonitus
Faber et Hugo de Falaverio, Guigo de Vienna et uxor ejus
Maria.

166

ITEM Willelmus de Sancto Juliano et Girinus de Broen,
qui alias duas filias Villelmi de Milleu sibi copulaverant
in matrimonio, moverunt Bonevallensibus querimoniam;
et tandem propter hoc habuerunt ab eis L solidos ipsi et
uxores eorum Alamanda et Estiburs. De laude Villelmi
de Sancto Juliano et Alamande uxoris ejus sunt testes...
Amblardus de Pineto et Johannes Silvionis. De laude vero
Stiburde, uxoris Girini de Broen, sunt testes Aymo Carduns, Amb. de Pineto, et Villelmus de Sancto Juliano et
Silvio capellanus de Monbreton.

167

MANASSES, filius Rorgi, dedit fratribus Bonevallis, pro
C solidis, quamdam vineam apud Buciacum... Hoc fecit...
in manu domni Petri abbatis, anno.... M⁰. C⁰. LX⁰. VI⁰.
Testes sunt Manasses, avunculus predicti Manasse, qui
fidejussor est, et Petrus Faber et Barnardus equarius et
Stephanus Lunel, conversi, et Silvio Borrelli.

168

VIVIANUS, filius Gauterii Albucii, habebat mediam partem in decimis parrochie de Bucciaco et tenebat eam pro
feudo a Falcone de Castillione...; igitur iniit fedus cum
Bonevallensibus et fidejussores dedit Falconem de Iserone,

uttricum suum, et Garinum de Parzia et filium ejus
Umbertum. Testes... Martinus de Hospitali, et Catbertus
Runcins, Joccrannus de Revello,.. Petrus de Brol.

169

..... Ego Falco de Chastilione vendidi... fratribus Bonevallis.., acceptis ab eis 3400 solidis, quicquid habebam
in parrochia de Bucciaco..... Laudavit hoc Chatbertus
filius meus et Willelmus canonicus, frater meus... Hoc
facto nos tres, Chabertus scilicet et Villelmus et ego Falco,
dedimus fidejussores Burnonem senem de Revello et
Jarentonem de Clavayson... Testes.... Melioretus de Bociosello, archidiaconus,... Rostagnus de Colungiis, Guigo de
Faramanno et Guido cognatus ejus, Ismido de Bocciosello
et Guitfredus de Boys, Amedeus de Claireu, cognomine
monacus, et Peytavins de Ornaceu et Engelbodus de Cortina, de cujus ministralia erat predictum donum.... Hoc
laudavit Guigo de Castillione, frater meus.... Testes sunt
Willelmus Girardi et ego Falco, Peytavinus de Ornaceu et
Petrus de Leemps.... Fidejussor est Burno junior de
Revello. Testes : Amedeus de Clayreu,.. Isardus de Anjoldo
et Rainaldus de Anjoldo, Guigo de Parzia. Acta anno...
M°. C°. LX°. V°, mense julio.

· Postmodum vero Guigo Lunelz, a quo predictus Falco
tenebat quandam partem predicte emptionis in feudo,
movit querimoniam et remisit apud Bellumvidere. Testes :
Gualdo de Turre et Drodo puer de Bellovidere, et mater
ejus et Clemencia, uxor Willelmi de Bellovidere, Petrus
Alamanni de Pineto et Soffredus Lunels, qui etiam hoc
laudavit.

170

Aymo Carduns, conversus, et Helisabeth mater ejus, et

Petrus de Mongela et uxor ejus Enjulgarda et filia eorum Gelaeta laudaverunt.. Bonevall(ensibus) omnes illas res quas quatuor filii Armanni Cardonis, id est ipse Aymo et fratres ejus Armannus et Serlio et Berlio, hereditario jure debebant possidere, excepta terra Hugonis de Argentau et Petri de Boceu et Andree de Lesches. Testes : Stephanus Lunelz, conversus, Barnardus Puper, et Durannus de Dueysmo et Salomon de Moncels.... Anno ab Incarnatione Domini M⁰. C⁰. LX⁰. VII⁰..... Arbertus Guias habuit inde v solidos, Johannes prior de Verevilla, frater Amedei de Montecanuto, Armannus de Verevilla, et Guigo de Castaneto, et Rostagnus de Verevilla, et Barnardus Fecuria et Willelmus filius ejus

171

FRANCO de Chasta et uxor ejus Elisabeth, filia Falconis de Castellione, moverunt querimoniam... super his que Falco vendiderat....; et Bonevallenses dederunt eis XII libras... Igitur ex parte Franconis, qui hoc apud Serram juravit, sunt testes domnus Hugo abbas Bonevallis,.. Petrus et Hutboldus de Chasta, pater Franconis, Petrus de Vinnay et Umbertus de Sancto Georgio, Guigo Artolli et Barnardus de Chasta..; ex parte Helisabeth autem, qui hoc apud Chastillun juravit...., in domo Desiderii et Ismidonis, sunt testes Hutboldus pater Franconis et Franco, Desiderius de Chastillun et Ismido frater ejus, et Guigo filius predicti Desiderii, Petrus de Leyves et Willelmus Ismidonis et Barnardus Chavals, cursor Petri de Verevilla. Acta anno ab Incarnatione Domini millesimo centesimo LX⁰ VIII⁰.

172

ANNO.... millesimo centesimo LXX⁰ II⁰, Falco de Cas-

tellione dedit... fratribus Bonevallis quicquid... in parrochia de Bucciaco...... Chabertus quoque, filius ejusdem
Falconis, dedit... De hoc sunt fidejussores Guenisius de
Castronovo, et Ismido et Bernardus de Castellione... Similiter ut Falcona, filia Falconis, et omnes ejus filii hoc...,
cum ad etatem laudandi venerint, laudent... Hoc fuit factum prope Columberium ultra Isaram. Testes... Bertrannus de Larnagio et Villelmus Jullardi. De hoc toto quod
predictum est fecerunt postea eodem tenore, in porta
Romanensi, Bonevallensibus fidejussionem Raimundus
comes Sancti Egidii[1], et Umbertus de Miribello et Rogerius
de Clayreu; et comes et Umbertus promiserunt, in presentia Petri de Virivilla, quod filii sui Raimundus et Bonefacius eandem fidejussionem facerent. Testes sunt Guenisius de Castronovo, et Villelmus de Sancto Laterio,
Attenulfus de Sancto Georgio, et Petrus de Vinnay et
Villelmus Guinimans....... Laudaverunt.... filii Falconis,
Villelmus et Guigo, apud Castellionem, et Falco apud
Humillanum et Falcona apud Romanis. De laude Villelmi
et Guigonis sunt testes pater suus Falco et Chatbertus
frater eorum, Barnardus de Castellione et Ismido de
Poypia, Isardus de Larnagio et Desiderius de Morasio,....
Villelmus Payanus et filius suus Arnaldus... ., Willelmus
Bonins et Andreas Gisiamars, qui hoc laudavit.

173

FALCO de Castellione movit calumpniam domui Bone-

---

[1] Raymond V, comte de Toulouse depuis 1148. Son fils Raymond,
qui paraît plus loin, épousa cette année même Ermessinde de
Pelet, comtesse de Melgueil (VIC et VAISSETE, Hist. de Languedoc,
1879, t. VI, p. 48).

vallis super quasdam terre partes, quas a fratre suo Guigone de Castellione eandem domum dono et pretio dicebat
adquisisse... De hoc igitur... submiserunt se jugicio *(sic)*...
Burnonis senis de Revello et Guigonis Ervisii militis......,
qui.... diffinierunt ut abbas Johannes de Ulmeto.... fratribus.. imperaret, ut veritatem indicarent : quod et factum est.... Contensio versa est in concordiam....; affuerunt
supradicti Burno et Guigo Falco de Castellione, et frater
ejus Villelmus canonicus, Chatbertus ejusdem Falconis
filius, Petrus de Porta, miles de Ornaceu, Engelboudus
de Cortina, monachus, Stephanus Cunilz, de Tornino, et
Gauterius filius ejus, Benedictus de Burgo, Durannus
Chastanz, Durannus Ebrardi et Durannus Albuini..... Et
sciendum quod dict Falco, Bonevallenses adveniens, Guigonem filium suum in eadem domo Dei servitio manci-
pavit, presente domno Hugone, ejusdem loci tunc abbate.
Testes... Petrus de Turre, Petrus Audoardi, Guiffredus
de Palude, Willelmus de Monte Calvo, monachi, et supra-
dictus Petrus de Porta, qui erat cum Falcone.

174

BERNARDUS de Aygola et uxor sua Aaldis, filia Guigo-
nis de Castellione, de cujus jure et dote erat, vendiderunt
fratribus Bonevallis pratum..., juxta vineam Duranni de
Maelges.... Testes fuerunt..... Aymo Bellez, ministralis
Bernardi de Aygola, et Guiboldus de les Loynes et
Borloz.

175

... Jarento de Clavaysone, in extremis positus, precepit
Petro Dudini, marito sororis sue, et Richardo de Bocesello ut venderent Bonevall(ensibus) quandam terram....

apúd Bocciacum..... Post mortem igitur ipsius predicti viri, Petrus s(cilicet) Dudini et Richardus de Bocesello, vendiderunt... Testes... Petrus Rochi et Stephanus Lunelz.... Laudavit uxor ipsius Jarentonis, apud Clavaisonem.. Testes fuerunt... Berlio de Montefalcone et Petrus Dudini, qui etiam responsor de pace fuit.

176

Petrus Carasii et Willelmus frater ejus dederunt fratribus Bonevallis quoddam pratum, quod est apud Bocciacum ; et habuerunt i. solidos.... Guigo autem Carasii, frater eorum, habuit iii solidos pro laude......; Bartholomeus de Vorone, a quo predictum pratum tenebant, habuit vx solidos...;[1] minister ejus, ii solidos... Testes : Garnerius de Moras et Berlio Pelez.

177

Albertus Ismidonis, quando se reddidit abbati et fratribus Bonevallis pro converso, dedit... eis... chastanetum quoddam inter Bocosellum situm et chastanetum Anselmi de Aggere..... Hoc laudaverunt postea duo filii ejus, Aynardus et Petrus... Testes.. Anselmus de Agere et Martinus Crassus.

178

Petrus Dudini dedit... Bonev(allensibus)... quicquid tenebat ab eo, apud Arseyum, Blancha uxor Duranni Ferranth, jam defuncti.... Hoc donum fecit Petrus Dudini anno ab Incarnatione Domini M°. C° LXXX^mo II°, mense

---

[1] Dans l'original se trouvait ici (barré) : *Andreas Borret*.

decembri, apud Boceyum... Testes........ Willelmus Gala, miles, et plures alii.

179

.... Bonifacius de Ornaceo movit querimoniam Bonevall(ensibus).., pro manso qui est apud Boceium...., quem pater ipsius Umbertus eis vendiderat... Inde, in die Epiphanie, anno ab Incarnatione Domini millesimo centesimo octogesimo sexto, affuit in Bonavalle et in manu domni Hugonis abbatis... solvit... Testes sunt Burno prior et Guigo de Sancto Georgio, cellerarius, Algo et Petrus de Clayreu, et Andreas de Vireio et Stephanus Arvernensis et Johannes de Monistrol, monachi, frater Fulcherius et Bernardus Malleyns, Gauterius de Johannages et Petrus de Morestello, conversi, Willelmus Ervisii, miles, et Petrus de Illata.

180

.... Fulco de Chastaneto et uxor ejus nomine Gela dederunt... Bonev(allensibus) quicquid habebant in parrochia de Boceyo..., habitis 300 solidis.... Fidejussores : Hugo Peysel et Falconem Alamannum, qui debent etiam id ipsum laudare facere filiis Fulconis, cum ad etatem.... Testes.... Arbertus Guias, conversus de Valle, Willelmus de Rioysia, capellanus de Verivilla, Gaufredus filius predicti Arberti, Jordanus Isardi.... Anno.... M°. C°. octogesimo V°.

181

DURANCIA Quoqua et Giroldus Amasas, qui duxerat filiam ejus in uxorem, dederunt Bonev(allensibus) quoddam chastanetum apud Arseyum.... Laudaverunt... Jo-

hanna et Juliana, filie Giroldi Amasa et predicte uxoris
sue,... et Armannus Bulfarz, maritus Johanne. Testis est
Giroldus Amasas.

182

VILLELMUS Ervysii et fratres ejus, Ervysius et Humbertus, moverunt calumpniam..., et dimiserunt....; et fidejussionem fecerunt Petrus de Porta et Petrus Burnonis...
Testes... Petrus de Islata, Willelmus Burnonis, Galterius
Cunilz, Antelmus de Revello, Petrus de Nerpou, Desiderius ministralis. Hoc factum fuit anno.... M°. C° LXXX°
V°, apud Ornaceyum.... Sciendum quod.., (cum) de eodem
castro descenderent, habuerunt obvium, subtus castrum,
Humbertum Ervysii, qui hoc... laudavit... Testes.. Berlio
de Montefalconis, Willelmus de Viriaco, Willelmus de
Morestello, Guigo de Aygolaz.

183

NOTUM sit omnibus quod Bonefacius de Ornaccio et
Amedeus frater ejus... injurias inferebant hominibus de
Boceyo, eos et boves corum ad clausuras et aggeres
ejusdem castri faciendos violenter cogentes. Postmodum
vero, cum Petrus Dudini iter arripere vellet ad visitandum
Domini sepulcrum, anno ab Incarnatione Domini M°. C°
LXXX° V°, et multi propter hoc milites et alii homines
convenisse(n)t in predicto castro, accessit ad eumdem
locum Burno de Voyrone, prior Bonevallis, et coram omnibus qui ibi aderant interrogavit Petrum Dudini....
utrum domini de Ornaceyo hujusmodi usuaria debeba(n)t
exigere ab hominibus de Boceyo.. Petrus autem Dudini,
... consilio et consensu meliorum hominum de Ornaceyo..,
respondit... quod domini de Ornaceyo nulla prorsus

usuaria habebant vel habuerant super homines et villam
de Boceyo, nisi de voluntate et mandato Falconis de Castellione et patris sui Willelmi, a quibus Bonevallenses
predictam villam adquisierant, sed liberi et inmunes erant
ab omni exactione dominorum et militum de Ornaceyo.....
Testes sunt. ... Chatbertus de Castellione, Berlio de Monte
Falconis, Willelmus Ervysii et frater ejus Ervysius, Petrus
de Porta, Willelmus Gala de Verivilla, milites, Richardus
de Bocosello, Giroldus presbiter de Boceyo et plures alii.

184

.... Guenisius de Castro Novo movit calumpniam Bonevallensibus in manso... apud Boceyum, quem ipse donaverat... Tandem.... remisit...., laudantibus.... Aaldisia
uxore ejusdem Guenisii et Guntardo eorum filio... Actum
est hoc apud Castrum Novum, in domo ipsius Guenisii,
per manum fratris sui domni Hugonis abbatis Bonevallis,
anno ab Incarnatione Domini M°. C° LXXXVIII°... Testes
sunt Johannes de Jonasio, subprior Bonevallis, et Giroldus
de Burbuello, monachus ejusdem loci, et Petrus Maci,
monachus Liuncelli, Guigo Macibos et Petrus Macibos,
Odilo de Castronovo et Jarento Itachi, Genco Fillons et
Jarento Bernardi, milites, Petrus Salveth, bajulus, et
Bernardus de Chalayry, Andreas molendinarius...

185

ANNO ab Incarnatione Domini M°. C° LXXVIII, Willelmus de Castellione, canonicus Romanensis, infirmitate
gravi correptus, reddidit se Deo in Bonavalle..; statuens-
que testamentum, inter cetera que de rebus suis prout
libuit disposuit, dimisit et dedit... Boneval(lensibus)..

villam que appellatur Cortina : tali tamen pacto, quod si
quando Chatbertus de Castellione, nepos suus, filius Fal·
conis fratris sui,.. scambiare vellet..., dimiterent... Cum
igitur, super hac diffinitione testamenti patrui sui, pre-
fatus Chatbertus.. prefatam villam sibi eligens..., Bone-
vall(ensibus)... dedit... Testes.. Poncius Bertranni et
Willelmus de Chanpenversa, Nantelmus Uttuli et Lambertus Garini, et Guigo Giroldi et Johannes Cussins, Odo
et Andreas, Armannus Gironclos et quedam domina
nomine Beatrix.

186

WILLELMUS de Castellione, filius Falconis, in extremis
suis reddidit se Deo et beate Marie et monasterio Bonevallis, deditque ejusdem loci fratribus quicquid habebat
in... Comella. Testes sunt capellanus de Castello Boc et
Johannes Virens, templarius, Rotgerius de Clayreu et
Berlio de Montefalconis, Willelmus Panerius de Alba Ripa
et Guigo de la Mota de Larnagio, Jarento de Castello Boc
et frater ejus Willelmus de Livrone et Petrus frater ejus,
Ademarus de Castello Boc et Pontius de la Mota
Vivariensi et Amblardus de Pineto, milites. Factum
est hoc in Castello Boc..., anno.... M°. C° LXXX° VI°, in
mense septembri.

187

POST aliquot vero annos, Chatbertus de Castellione,
primogenitus frater ejus, movit querimoniam, dicens sine
sua laude non posse....; et datis XL solidis... laudavit... et
cetera ex dono Willelmi de Castellione, avi hujus Chaberti.... Anno M°. C° XC°, III. kalendas augusti. Testes...
Martinus de Moyrene, Guigo de Castellione, frater pre-

dicti Chatberti, monachi Bonevallis....., Humbertus Ervisii, Guigo Rostagni de Miribello, milites.

188

.... Hugo de Mirabel de Valclareys et Bona Donna,
uxor ejus, soror Nantelmi de Chattunnayo, dederunt...
Bonevall(ensibus)... terram apud Comellam.. Et hoc laudaverunt filii eorum, videlicet Falco et Humbertus et Nantelmus, et Raymues filia et Aymo ministralis ipsorum..
Testes sunt... Poncius de Basternay et Guntardus frater
ejus, Bernardus Rostagni et Nantelmus de Lanz, et Willelmus Rufus de Sumunt. Acta anno Incarnationis Dominice Mo. Co. LXXo IXo.

189

ANNO ab Incarnatione Domini Mo. Co LXXXo VIIIIo,
IIII nonas julii, Amedeus de Miribello solvit, in capitulo
Bonevallis, querimoniam quam faciebat in manso Main-
frenc. Testes sunt Bonefacius frater ejus et Humbertus
Ervisii, et Guigo Ervisii et Willelmus Ervisii fratres.
Sequenti quoque die, iterum solvit querimoniam apud
Viennam, in domo Bonevallensium, in manu domni Hu-
gonis abbatis Bonevallis, qui et dedit ei sponte sua, eo
quod ita aggressus esset iter proficiscendi in Jerusalem in
expeditionem magnam, LX solidos.

190

WILLELMUS de Clavaysun et Gerento frater ejus moverunt querimoniam Bonevallensibus, in manso quod dedit
eis Armannus Charduns de Moras, quando se reddidit in
Bonam Vallem. ... Tandem uterque apud Ornaceyun, in
domo Petri Dudini, convenientes....; ipse vero W. solvit

et donavit..., cum omnibus de quibus eadem domus ea
die investita erat ab ipso et a genere suo.. Hoc fecit
kalendis februarii, anno..... M°. C° XC°. I°; et propter hoc
dederunt et C solidos Viennenses et Ricardo de Bocosel,
ministrali eorum, qui laudavit et dedit si quid juris ibi
habebat, x. De hoc facto sunt testes Berlio de Muntfalcun
et duo filii ejus, W. et Jacobus, Petrus Dudini et duo filii
ejus, W. et Petrus, Burno de Bocosel, W. Rostagni et
Rostagnus filius ejus, Fulcherius Richardi et Bernardus
frater ejus, Latardus de Pineto, Hugo de Bellagarda,
milites, Duranz Cusins, Johannes Mannins et Humbertus
Borrelli. Fecit autem Bonefacius de Ornaceyo super his
querimoniam, dicens ea esse de suo dominio...; solvit et
habuit inde x solidos.. Fidem fecit Amedeus, frater Boni-
facii.. Testibus W. de Claromonte, Berlione de Muntfalcun,
Petro Dudini et Ismidone de Bocosel.... Laudavit Gerento
de Clavaysun... Testes : Gaufredus de Vienna, Johannes
de Vienna, Radulphus de Ponte.., Amedeus de Mirabello.
Hoc fecit ii kalendas februarii, anno quo supra.

191

... Domnus Johannes abbas Bonevallis, paupertate fratrum cogente, venit apud castrum quod dicitur Moras, ad
insinuandas ejusdem castri militibus angustias quas fratres sui habebant; quorum quidam, scilicet Jarento Isiliardi et fratres ejus, Isardus Isiliardi et Guigo Ega, et
Gaufridus Remestagni cum uxore sua Altrude, et Villelmus Aimo cum sorore sua Sibilla, miserati inopiam illorum,
dederunt illis terram...... Primus horum, Jarento Isiliardi,
dedit... medietatem unius mansi....; Isardus quoque,
frater ejus, dedit... campum; Guigo Isiliardi et Guigo
Ega, cum fratre suo, campum illum....; dedit Gaufridus

Romestagni, cum uxore et filiis,...; Villelmus Aimo, cum sorore sua Sibilla, dedit alium campum.....; alium campum dedit Rollannus Bocerannus, juxta illum; alium quoque Rollannus Bocer et Richardus frater ejus; inde vero alium campum dedit Garnerius Rufus...; particulam vinee... dedit Guigo Barata, cum uxore sua.....; terram.... dedit Villelmus de Merculione, cum uxore et filiis et fratribus, istis concedentibus Jarentone et Isardo et Guigone. Horum igitur predictorum militum consilio, predictus abbas Bone Vallis quamdam terram huic contiguam, que juris fuit monasterii Sancti Martini de Insula Barbara, quesivit et obtinuit, abbate et fratribus ejusdem monasterii concedentibus et in hec verba scribentibus.

192

...Ego Guinus, Sancti Martini de Insula Barbara abbas [1], ecclesiam de Landriis et totam terram quam ibi habemus.... dono et laudo ecclesie Sancte Marie de Bonavalle.

193

DONUM istud, ab abbate et fratribus Insule Barbare factum, laudaverunt et confirmaverunt milites, ex quorum hereditate terra illa procedebat : Jarento scilicet Isiliardi, cum uxore sua et filio Isiliardo, et habuit xxx^ta solidos; laudavit et frater ejus Isardus, et habuit xxx^ta solidos; laudavit et Guigo Isiliardi, frater eorum, et habuit xl solidos; quorum quoque frater, Guigo Ega, hoc ipsum laudavit et habuit quinque solidos; quod et ipsum Gaufridus

---

[1] Lire *Girinus*; il doit s'agir de l'abbé de l'Ile-Barbe, Girin Ier, auquel le nouv. *Gallia Christ.* attribue un acte de 1116 (t. IV, c. 226).

Romestagni, cum uxore sua Altrude, laudavit et habuit viginti quinque solidos; laudavit Villelmus Aimo et habuit xx^ti solidos; sed et Falco Borrelli laudavit, cum uxore sua Sibilla, et habuit xvii solidos; sed et Villelmus de Merculione, cum uxore et filiis, hoc ipsum laudavit. Unusquisque horum supradictorum hujus doni testis est aliorum.

194

FRATRIBUS igitur.... supradicti milites, laudatores et datores, calumpniati sunt..; qua de re... utraque pars convenerunt. Congregatis itaque non paucis tam nobilibus quam agricolis vicinis, quatuor antiquiores et illius rei expertiores, sibi ad ostendendam et terminandam terram ad ecclesiam Sancti Martini Insule Barbare pertinentem, unde tunc temporis agebatur, elegerunt, Arbertum scilicet Boison, ministralem terre, Brunonem Pelet, indigenam ejusdem loci, et Villelmum de Sancto Mauricio et Petrum Riconis : tali pacto ut quicquid illi dicerent, eorum judicio et testimonio adquiescerent.

Supradicti igitur ostensores terminarunt terram illam ex parte orientis...... Hec designatio et ostensio facta fuit in presentia domni Johannis, abbatis Bonevallis, et Guidonis prioris, et Berlionis et Petri Girardi, monachorum, et in presentia domne Matildis, tunc temporis comitisse, que Regina dicebatur[1], et Sigebodi de Bello Visu et Vil-

---

[1] Sur les comtes d'Albon ou dauphins de la première race, qui figurent dans ce *Cartulaire* (ch. 202, 228, 263 et 277), voir, outre VALBONNAIS (*Hist. de Dauph.*, t. II, p. 376-7) et M. ROCHAS (*Biog. du Dauph.*, t. I, p. 285), les *Notes et observations* de M. l'abbé TREPIER sur *l'origine de la domination des comtes Guigues à Grenoble et dans le Graisivaudan* (1863, p. 64-9).

lelmi Sigebodi de Valle, et Johannis Macibo et Martin filii ejus.....

195

Uxon Gerentonis, pro salute anime mariti sui et filii, dedit nobis oleam illam que sub vinea posita est, ejusdem mariti fratribus ambodus concedentibus, quibus hoc injunxerat....

196

... Item oleam que sub nemore est, que vulgo Aia dicitur, dedit nobis Guigo Isiliardi, cum uxore sua.,.. Testes.. Silvio Girberti et Rainoldus.

197

Ĝ.. In terra illa, quam dedit nobis Guigo Isiliardi, dederunt nobis Guigo Ega et frater ejus quicquid jure ibi possidebant.

198

GAIARDUS et uxor sua totam terram, quam habeb⸱ t in territorio Landrinensi, dederunt fratribus Boneval⸱ : habuerunt tamen inde cx solidos. Testes sunt Philippus et Jathbertus fratres de Suireu, Villelmus de Pairau.

199

ISARDUS de Moras dedit decimas nobis laborum nostrorum in parrochia de Landrins. Rollannus quoque vetus, qui eas ab ipso Isardo habebat, dedit nobis et habuit xvcim solidos. Testes sunt Guigo Isiliardi, Silvio Gilberti. Rollannus Boce et Richardus, frater ejus, dederunt nobis quicquid in ipsis decimis habebant. Testes sunt Guigo Isiliardi et Isardus fratres, et Guigo Barata. Rollannus quoque Bocerannus dedit nobis similiter, et xl solidos habuit. Testes sunt Guigo Isiliardi et Johannes Machebos, cum filio suo Martino, et Girbertus frater Johannis. Amedeus, qui decimas colligebat, dedit nobis quicquid in ipsis habebat, scilicet in nostris laboribus : acceptis tribus solidis. Testes sunt Petrus Chatberti, et Guigo Isiliardi. Uxor Petri Chatberti, cum filiis suis et filia, similiter dedit nobis quicquid in ipsis habebat; calumpniam etiam dimisit predicta uxor Petri Chatberti, cum filiis suis et filia, de prato quod dederat Nantelmus de Moras fratribus Bonarum Vallium : acceptis viginti solidis. Testes sunt Nantelmus prior de Verevilla, et Hector et Isardus et Villelmus, filius Isardi : hii tres sunt testes et fidejussores, ne aliquid incomodum patiantur fratres Bonevallis a datoribus supradictis vel ab aliis, quos ipsi prohibere possint. Giroldus Rufus et Ervisius frater ejus dederunt nobis similiter quicquid in ipsis decimis habebant. Testes sunt Johannes Macebos et Villelmus de Sancto Mauricio. Post hanc donationem Giroldus Rufus adquisivit partem fratris sui Petri, quam dedit nobis similiter et habuit xv solidos. Testes sunt Nantelmus de Moraz et Guigo Barata et Ainardus prior de Bugis.

200

HEC omnia Landrins pertinentia dedit et concessit nobis Guigo de Russillun et filii sui, et Girardus frater ejus. Testes sunt Villelmus de Farnai junior, Villelmus Arens de Givore, Bernardus de Challeu, Guigo Artaldi, Barno Peagere, in domo cujus fuit factum.

201

GARCINUS de Illin dedit abbati et fratribus Bonevallis

quicquid adquisierunt in territorio Landrinensi de rebus
suis ab illis qui ab eo tenent, vel quicquid adquirere po-
terint in antea. Similiter uxor ejus, cum filio suo Villelmo :
alium quidem habebat, sed necdum loqui poterat. Testes
doni Garcini sunt Amedeus, Viennensis ecclesie decanus[1],
et Amedeus nepos ejus, et Milo Martellus, canonicus, et
Ademarus de Modiaco, et Villelmus Escatillus et Garnerius de Rodano. Testes uxoris ejus et filii sunt Berlio de
Albariva et Ademarus de Modiaco, Fulcherius de Illino et
Arbertus frater ejus, ipse quoque abbas et Amedeus de
Altaripa.

202

Notum sit omnibus Xpistianis vicinis nostris, quod Guigo
comes et uxor ejus et Guigo, filius ejus, dederunt fratribus Bonarum Vallium inperpetuum condaminam que
vocatur Regia, pro censu singulis annis quinque solidorum, qui comiti sunt reddendi in Pentecosten. Testes
sunt Ademarus prior de Mantula, Armannus Carduns,
Guigo Esgrusardus, Attenulfus, Gilinus. Cum autem
filius hoc donum supradictum concessit, isti fuerunt au-
dientes : Raimundus Berengarii de Domina, Artaldus de
Bucesel, Guigo Isiliardi. Hoc autem villici omnes concesserunt : Guigo Isiliardi, Rollannus Buceranni, Garnerius
Rufus, cum fratre suo Hugone, Fulco, Nantelmus Bonni-
nus, Rollannus vetus. Horum testes sunt Armannus Carduns, Silvio Girberti, Petrus Constantini.

Amédée de Clermont était doyen de Vienne en 1141 (*Gallia
Christ.*, t. XVI, c. 137).

203

ISARDUS dedit fratribus Bonevallis pratum....., per laudem et consilium Guigonis fratris sui... Testes sunt Silvio Girberti et Rainoldus.

204

ISMIO Ruvoiria dedit supradictis fratribus quoddam duimetum apud Aquam Bellam, ad pratum faciendum. Testes sunt Johannes Macebos et Martinus filius ejus. Laudavit hoc donum Rollannus vetus et uxor ejus Aibilina..., et habuit v solidos. Sed et Aldeno de Castellione, frater Ismionis, laudavit et habuit xv solidos. Testes sunt Falco de Moraz et Villelmus presbiter, Johannes Macebos et uxor ejus, Ricardus Boce et Petrus Girardi, et Blainus et Sielbodus.

205

GARNERIUS Ruffus vendidit campum..... CCx solidis.... Nantelmus de Moraz et Hugo de Anjo, quorum allodium erat, dederunt predictis fratribus et aque ductum per pratum Hugonis Manout, ipso Hugone laudante : quorum uterque habuit decem solidos et Hugo Mannout xx[u]. De hoc ipso habuit preterea Gotafredus filius ejus v solidos et laudavit. Hoc autem due sorores Garnerii et Hugo Arabis, et due neptes ejus, Clara cum sorore sua, laudaverunt. Testes sunt Guigo Isiliardi, et Silvio Girberti et Guigo Barata.

206

FREDEFURGIS de Albione, laudante conjuge suo Garino de Revel, et Guigo frater ejusdem Fredeburgis dederunt quamdam terram..., pro censu duodecim denariorum singulis annis : acceptis inde pro investitura septem solidis et quatuor sestariis siliginis. Hoc avunculi ejus, Nantelmus cum fratre suo Guigone, laudaverunt. Testes quorum sunt Johannes Macchos, cum filio suo Martino, et Villelmus sacerdos. De dot. autem Guigonis, fratris Fredeburgis, testes sunt Stephanus, Viennensis archiepiscopus, et Johannes, Valentinus episcopus, et Villelmus de Faramans et Guigo Isiliardi.

207

NANTELMUS de Muraz, cum sorore sua Elisabeth et filiis ipsius sororis, vendiderunt fratribus Bone Vallis campum unum.... Nantelmus habuit inde IIII^{or} libras et unum nummum, soror autem et filii sui, Petrus, Nantelmus, Vital, Nicholaus, Guigo, C. LXX solidos. Testes sunt Ademarus, decanus tunc Cluniacensis, Fulco de Muraz, Guigo Isiliardi, Silvio Girberti. Hoc donum laudavit Joffredus de Moirinco.. Testes Alamanus de Rivis et Nantelmus de Moraz, qui... promisit.. responsurum.

208

ITEM Nantelmus cambiavit fratribus Bonevallis quemdam campum.... Testes sunt Falco Berlio et Guigo Isiliardi.

209

... Item Nantelmus cambiavit predictis fratribus praticulum......, et alteram medietatem ejusdem campi laudavit nobis, quam vendidit Guigo de Porta... Testes sunt... Guigo Isiliardi et Petrus Sainsonis, et Garnerius Rufus..... et Falco Berlio.

210

ITEM Falco Borrelli et Villelmus filius ejus dedit nobis campum juxta Aquam Bellam.... : habuit inde undecim solidos et III eminas siliginis, tunc temporis constantes III solidis. Testes sunt Durannus Roscia, sacerdos, et Odo Villajoa.

211

FULCO de Moraz partem suam Aque Belle... dedit fratribus Bonevallis. Eago laudavit hoc, frater ejus, et Nantelmus Bonins, et Fulco et Rolannus vetus. Testes sunt Nantelmus et Guigo Isiliardi.

212

GUIGO Barata, cum uxore sua, dedit... Bonis Vallibus cursum aque que vocatur Aquabella... ; et habuit proinde CXL.ª solidos. Testes sunt Raimundus et Hugo de Anjo, et Guigo Isiliardi..., Nantelmus de Moraz...., Petrus Hugonis.

213

MINISTRALES comitis dederunt fratribus Bonevallis quamdam terram... Testes sunt Geroldus Calcaterra et Arbertus vetus.

214

ITEM Clara de Mantula et Guigo maritus ejus, et Sigebondus filius Clare vendiderunt fratribus Bone Vallis... terram.... Hoc laudavit Garnerius Ruflus, accepto uno sextario frumenti; sed et Hugo Mainoz, frater ejus, lau-

davit et habuit xii nummos. Testes sunt Villelmus Sige-
bondi, de Valle, et Guigo Isiliardi.

215

Uxor Gerentonis dedit, pro anima viri sui deffuncti,
fratribus Bonevallis praticulum quoddam in Aqua Bella.
Testes sunt Guigo Isiliardi et Villelmus Truita.

216

.... Dedit fratribus Bonevallis unum campum Joffredus Romestagni...., pro anima filii sui Sicardi : acceptis
tamen inde LXV solidis. Ho, laudavit et donavit Muntarsinus filius ejus, et Villelmus Ademari, maritus filie ipsius
Joffredi. Testes sunt Berlio de Casa Nova, Rostagnus
Baroth, monachi, et Joffredus sutor, Gerardus de Sancto
Lagerio, conversi ; item Stephanus Beroldi et ipsi aucto-
res doni, qui se imperpetuum deffensores promiserunt.
Hunc campum cambiaverunt fratres Bonevallis Jarentom
de Moras.....

217

.... De calumpnia Petri Joffredi, quam fecit fratribus
Bonevallis, de prato quodam et molendino que dederat
pater ejus eisdem fratribus, producti sunt testes : apud
Rives, Berlio Alamanni ; apud Landrins, Johannes, Beate
Marie Valentinensis episcopus, et Almannus de Rives,
in presentia Pontii de Russillun, Ugonis de Anjo, Rai-
mundi de Tullin, Falconis Berlun, Nantelmis prioris de
Buegies, Gocewini abbatis, Othmari Cornuti, Berlionis
Falconis.

218

... Villelmus Aimo de Maunth, in partibus Jerosolimitanis in extremo vite constitutus, dedit fratribus de Bonavalle quicquid habebat in..., apud Landrins et Espinosa; et hoc fecit in audientia Boniti sacerdotis de Suiren, et Villelmi Jordanis et Villelmi de Sattilleu : quod domum fecit pro anima matris sue, de qua ei contingerat. De donatione ista fecit testimonium predictus sacerdos Bonitus per ordinem suum, in manu Stephani Viennensis archiepiscopi..., apud Espinosam ... Falco Borrellus laudavit supradictis fratribus, prius[1] querimoniam quam inde habuit cum eisdem fratribus, acceptis inde XX^{ti} solidis ; et tunc temporis receperunt filium suum parvulum, nomine Arbertum..... Guifredus Romestagni, et filii ejus et filia, et reliquam totam terram quam tunc temporis(......)

219

... Fratres Bonevallis vendiderunt Villelmo Falconis palafredum unum bosol.... Testes sunt Rolannus Boci, Garnerius Rufus, Petrus Nantelmi, Guigo de Porta, Bernardus Datiseu, Martinus Hugo, ipse domnus Gocewinus abbas, Guigo de Faraman.

220

... Folgerius de Castellione dedit.... quamdam vineam apud Montareu fratribus Bone Vallis. Laudavit hoc Nantelmus Bonins et uxor ejus, a quo predictus Folgerius possidebat... Testes sunt Guigo Baratha, Guigo Isiliardi, Silvio Guirberti.

221

...... Sigeboudus de Bellagarda, cum noverit, venit

---

[1] Il faut encore lire ici *post*, pour la raison indiquée au n° 34.

ad conversionem in Bonam Vallem, dimisit quamdam vineam apud Moiseu et campum.... jure alodii. Hoc uterque frater ejus, scilicet Umbertus canonicus et Villelmus Bernardi, laudavit. Testes sunt Muntarsinus, Villelmus Rollanni et plures alii.

222

BURNO de Revel, cum uxore sua et filiis Burnone et Ademaro et Villelmo, dedit abbati et fratribus Bonevallis pascua terre sue..... Testes Burnonis patris et Burnonis filii sunt Petrus de Bocesello, Guigo Isiliardi, Muntarsinus de Bella Garda. Testes uxoris et duorum filiorum juniorum sunt Raimundus et Hugo de Anjo, et Hugo Alemanni, Garinus de Revel et Petrus Hugo.

223

... Raimundus de Anjo, cum matre sua, dedit similiter pascua fratribus Bonevallis.. Testes sunt Hugo de Anjo et Hugo Alemanni, Garinus de Revel et Petrus Hugo.

224

GUILLEBURGIS et Restagnus filius ejus dederunt fratribus Bonevallis pascua in Fullosa.... Testes sunt Durannus Roserie, capellanus, Falco Borrelli.

225

RESTAGNUS quoque, predicte Gilleburgis filius, dedit eisdem fratribus pascua que contingebant ei ex parte uxoris sue in supradictis locis.. Testi sunt Villelmus de Farnai, Falco Borrelli.

226

ROLLANNUS dedit eisdem fratribus per eadem loca

pascua. Testes sunt Villelmus de Farnai, et Reistan et Falco Borelli.

227

.... Omnes isti datores pascuarum dederunt fratribus eisdem ligna sicca ad omnem usum suum.

228

..... Guigo comes et Matildis uxor ejus dederunt quamdam condaminam fratribus Bonevallis, in parrochia Sancti Saturnini, juxta aquam Velciam......, et pascua per totam terram suam.., ab ipsis Alpibus usque ad Rodanum....; insuper alpem que vocatur Chalmencuns. Testes : Guigo de Domina et Raimundus frater ejus, Hector de Valboncis, Stephanus capellanus, Mallenus de Mota, Petrus Catberti de Savel.

Supradicta vero alpis de Chalmencuns terminata est, in presentia Matildis regine et in presentia Johannis abbatis de Bonavalle,.... usque ad stratam que exit a Cartusia.... Testes : Beroaldus ministralis terre et nepos ejus Rostagnus, Guigo Richardi subministralis. Hec omnia supradicta dona laudaverunt Guigo Delfinus et uxor ejus, et Humbertus Podiensis episcopus, frater ejus. De dono Guigonis Delfini et uxoris ejus testes sunt Matildis mater ejus, Petrus de Visilia, Stephanus capellanus, Odo de Valbunneis, Nantelmus de Connet, Petrus Catberti, Artoldus Ermellenz. De dono episcopi Aniciensis testes sunt Mallenus de Balma, Jarento frater ejus, Rostagnus de Cornilione.

229

BERLIO de Moirenco, veniens ad conversionem apud Bonam Vallem, dedit ecclesie... condaminam in parrochia

Sancti Saturnini... Pristini possessores, Iterius scilicet et fratres ejus de Alaon, jus se habere ab antiquitate dicebant, quod uxor predicti viri et filius ejus Gaufredus emerunt ab illis possessoribus. Pro adquirenda pace, datis eis xv solidis; sed et Jocelmus de Anairun, consanguineus eorum, habuit quinque solidos... Testes sunt.. Falco Berlionis et Guigo Isiliardi.

230

... Petrus Ismio, de Castello Novo, et Gaufredus Remestagni vendiderunt fratribus Bonevallis medietatem campi in parrochia Landrinensi, acceptis LX^{ta} solidis : hanc terram predictus Ismio ex parte uxoris sue habebat, filie scilicet Gaufredi Remestagni. Quod ipsa uxor Petri laudavit et uterque frater ejus, Sicardus et Muntarsinus. Testes sunt Ricardus Zuos, Sieboldus de Castello Novo. Laudaverunt hoc filii Gaufredi Remestagni, quorum testes sunt Bernardus Atenulfi, de Milibello, et Remestagnus de Albione. Hanc venditam terram laudavit Villehmus de Merculione et uxor ejus, et filii Villehmus et Franciscus, supradictis fratribus, quia non erat de illa terra quam illi ad adquirendum supra laudaverant. Testes sunt Sieboudus de Castello Novo et   filius Guinanni de Rateires.

231

Guigo Isiliardi vendidit fratribus Bonevallis quemdam campum, in Buno sub ulmo positum, habito inde equo L^{ta} solidorum. Hoc confirmavit et laudavit Jarento nepos ejus. Testes sunt Johannes presbiter, et Guigo de Aia et Rainoldus ministralis ejus. Item G... Isiliardi vendidit predictis fratribus duos campos...., CLX^{ta} solidis.... Testes sunt Johannes episcopus Valentinus et Petrus Chatberti, clericus Valentinus, et Guigo Ega frater ejus, testis et laudator.... Laudavit uxor ejus et Jarento nepos ejus. Testes sunt Stephanus capellanus de Moraz, Villelmus de Carcire et Reinoldus ministralis ejusdem Guigonis.

232

JARENTO, nepos Guig(onis) Isiliardi, vendidit fratribus Bonevallis quicquid habebat in tribus olchis....., C. solidis. Laudavit hoc Villelmus Philippi et uxor ejus, soror Jarentonis, acceptis x solidis. Testes sunt Guigo Isiliardi et Armannus Cardo et Villelmus Truita, ministralis ejusdem. Laudavit hoc Guigo Isiliardi, avunculus ejus, et habuit inde x solidos. Testes sunt iidem. De dono uxoris Villelmi Philippi et filiorum ejus testes sunt Hugo Franco, Guago de Alba Rippa et Guigo Remestans.

233

Post hanc venditionem, supradicto Jarentone calumpniam movente....; calumpniam in se factam recognovit. Hoc factum est in presentia Hugonis de Anjo et Villelmi Siebodi de Valle, Silvionis Bernardi, Petri Samsonis, Guagonis clerici de Moraz, Guagonis militis, aliorumque quamplurium.

234

..... Joffredus Remestagni et filii ejus, recognita culpa..., amicabiliter laudaverunt quicquid calumpniati fuerant: una sola retenta conventione, quam abbatem Johannem sibi fecisse dicebant, de non adquirenda scilicet terra Falconis Borrelli, que ipsum ex parte uxoris contingebat. Hoc factum est in manu Gocewini abbatis Bonevallis, in presentia monachorum, Amedei videlicet et Berlionis

Alamanni et Berlionis Cellerarii, et militum : Villelmi de
Perau, Munaldi de Albione, Villelmi Ademari, Guigonis
Isiliardi, Ricardi Cuph.

235

Postea vero, idem Joffredus, ira turbatus, solitam
movit calumpniam et apud Landrins, suam iterum cog-
noscens injuriam, laudavit....; et cambiaverunt predicti
fratres Bonevallis predicto Joffredo et filiis suis... Hoc
factum est per manum Silvii Bernardi, Munaldi de Albione,
Villelmi Ademari ; laudantibus filiis suis et maritis filiarum, in presentia Duranni de Sancto Ramberto, Stephani
Berolt.

236

Cardona..... movit calumpniam....; inito consilio, laudavit amicabiliter quicquid calumpniata fuerat... Testes
sunt Hugo Mannolz, Guigo Rufus de Moraz, Vitalis Reinoldus.

237

Petrus Samson, de Moras, terram... ad viam de Butgies dedit fratribus Bonevallis... : acceptis L.ta solidis. Hoc
donum filia Guigonis Baratha, de qua ipse tenebat, laudavit : acceptis inde x solidis. Hoc idem donum dedit et
laudavit Raimundus de Anjo, cum matre sua, quorum
alodium erat; et accepit inde Raimundus xxxv solidos et
mater ejus v. Hoc similiter laudavit Burno Alloz, frater
Raimundi. Ad metandam terram istam fuerunt Guigo de
Anjo et Bernardus Falconis de Crespul, Villelmus et

mater Raimundi de Anjo, et Villelmus Raimundi et
Petrus Girardi et Falco de Undrei, monachi.

238

Garinus, quidam miles de Revel, dedit fratribus Bone Vallis quicquid juris habebat, scilicet taschiam et servitium..., apud Landrins : unde habuit unum campum apud Butgies pro concambio et insuper LXV solidos. Hoc ipse laudavit, uxorque ejus et filii; testibus Falcone de Muraz, Puncun de la Beci, Berlione Almanni, ejusdem loci monacho.

239

... Petrus Heremita cambiavit quinque particulas terre sue, que interposite erant terre ipsorum fratrum Bonevallis, pro quodam manso quem a Falcone Borel pro alodio habebant....; insuper vendidit eis unum campum : habuitque pro his omnibus, ipse quidem IIII libras Viennenses, mater quoque uxoris ejus XX^{ti} solidos, necnon Stephanus Berolz v solidos, Nantelmus de Mota duos caseos, Nantelmus de Montchanu similiter duos. Hoc donum fecit Petrus Heremita in domo fratrum apud Tercinam et Arsens, mater uxoris ejus, cum filio suo Francesc, in presentia domni Gocewini abbatis... Testes sunt Nantelmus de Muntchanu, Villelmus Falconis de Muntbretun, Stephanus Beroldi, Berlio Joceranni et Villelmus puer, quem secum adduxerat Joffredus de Tercina, quod prius ea [1] dedit. Iterum laudavit Villelmus de Merculione apud Motam, cum sorore sua, uxore scilicet Petri Heremite, que inde maritata fuerat. Testes sunt Villelmus de Merculione, Silvio Bernardi, Guillelmus Boveti, Guil-

---

[1] Lire *postea*, d'après l'observation faite sur la ch. 32.

lelmus de Sancto Johanne, Munaldus de Albione, Philippus de Mota, Silvio Capellanus, Petrus Heremita.

240

... De terra sita prope ulmum Beroardi movit calumpniam Petrus Cellerarius fratribus Bonevallis; que postea definita fuit apud Landrins, per manum Pontii de Russillun et Hugonis de Anjo, et dati sunt ibidem 30 solidi Petro Cellerario pro predicta terra : pro quibus laudavit fratribus supra nominatis terram illam, et laudare fecit Girberto de Marclant et Villelmo filio suo. Et quoniam infra annos erat Villelmus iste, dedit fidejussorem Hugonem de Anjo, in manu Pontii....; similiter et Girbertus de filiabus suis dedit fidejussorem Pontium, in manu Hugonis... Testes sunt Pontius de Russillun, Hugo de Anjo, Nantelmus prior de Butgies, Gocewinus abbas, Otmarus Cornutus, Rostagnus, Falco, Guigo. Hoc idem laudavit apud Anjo filius Petri, teste predicto Pontio et Hugone, Humberto Bertranni, Villelmo Guinandi, Villelmo Raimundi.

241

PETRUS Heremita, consilio et laude Arsenz uxoris quondam Villelmi de Merculione, matris scilicet conjugis sue, et Francesc et Villelmi de Merculione, fratrum ejusdem, dedit et vendidit fratribus Bonevallis tres modiatas terre..., in quibus Garinus Girberti de Revel taschiam habebat. Similiter vendidit dominium.. De dono Arsent, filieque ejus Susanne et filii sui Francesc, necnon et Petri Hermitan testes sunt.... Moyses, Sigibodus de Aia, Eustachius cum fratre suo Villelmo Saget, Villelmus de Tivoley, Berlio Joceranni, Nantelmus de Muntchanu,

Villelmus Ergullus, frater ejus, Rostagnus de Miribello ;
item de dono Villelmi de Mercuriol testes sunt.... Gago
de Fai, Silvio filius ejus, Guigo de Porta, Guinanz de
Rateires, Petrus Desiderii, Arsenz, Susanna, Francesc,
Petrus Heremitans. Factum est autem in presentia domni
Gocewini abbatis.

242

.... Garinus Girberti, et uxore et filiis ejus laudantibus, dedit fratribus Bonevallis et vendidit, pretio CL^{la}
solidorum, tachiam quam habebat in campo quodam
decem sestariorum... Dedit autem fidejussores Garinum
de Parzia et Petrum Girberti, Guigonem de Parzia... Si
forte Guillelmus Alamanni sive aliquis coheres ejus inde
calumpniam moveret....., ab archiepiscopo Viennense et a
Pontio de Russillone et Artaldo fratre ejus justiciam pete-
rent. Testes.... domnus Gocewinus abbas..., Fulco de
Puiseu, Stephanus Beroz, Bonasus, Garinus de Parzia et
Guigo frater ejus.

243

.... Villelmus Bovez, cum uxore sua Aiglina nomine,
dedit quamdam terram suam in territorio Landrinensi
fratribus Bonevallis... : acceptis novem libris Viennensium... Similiter et Agnes mater supradicte mulieris, una
cum marito suo Sigibodo de Valle, hoc donum laudavit.
Factum est in presentia..... Petri de Altafai et Petri de
Lai, necnon et Rollanni Boci et Fulcherii de Mantul et
Garini de Moraz.

Porro Guigo Ricardus et Villelmus de Monte Canuto
hujus rei testes sunt et fidejussores, ut cum Isardus Guigonis, Isiliardi filius adhuc puer, ad discernibilem etatem

pervenerit, laudare id faciant..... Similiter et soror Ai-
gline, cujus superius mentionem fecimus, nomine Dal-
maisi et vir ejus Villelmus de Sancto Johanne hoc domum
laudaverunt. Testes sunt Arbertus de Bocesel, et Ismido
de la Poipi et Petrus Desiderius.

244

CONCAMBIUM inter Rollannum Boci et Agnetem uxorem
Guigonis Isiliardi, ad opus Isardi filii sui........; laudantibus hoc Raenguisia matre predicti Rollanni et
sorore sua et marito ejus, Guigone de Sancto Germano.
Predicta vero Agnes et ejus filia Aiglina et maritus ejus
Villelmus Boveti dederunt predicto Rollanno mansum
apud Landrins.... in alodio... Hoc autem concambio...
facto, Rollannus Boci domno Gocewino abbati et fratribus
Bonevallis vendidit, pretio 350 solidis Viennensium... :
hoc pacto, ut si aliquis eis inde calumpnia moveretur,
ipse Rolannus, prius[1] reditum suum de transmarinis partibus, pro eis secundum justiciam responderet, aut si
ipse non rediret, Guigo de Sancto Germano, sororius
ejus,... spopondit.... Testes sunt.... Sigebodus de Valle,
Guigo de Aia, Hugo Mannoldi, Constantinus de Moras,
Brunus Bellus, Jarento filius Rollanni veteris, Girbertus
filius Silvionis Girberli, Arruvis, Girbertus Burnonis,
Guigo de Urnaceu, Desiderius Chais, Garinus de Moras,
Bonitus.... Villelmus de Sancto Johanne laudavit, in pre-
sentia.... Burnonis Bestent. Hoc laudavit... Villelmus
Boveti, uxorque Villelmi de Sancto Johanne. Testes sunt
Rostagnus Barol, Petrus famulus ejus, Bernardus filius

---

[1] Lire encore ici, comme précédemment, *post*.

Fulcherii, Villelmus Aldeni, filius Villelmi Aldeni, et com-
plures domne ejusdem castri. Terram Rollanni Boci laudavit soror ejus, uxor scilicet Guigonis de Sancto Germano..., in domo sua apud Sanctum Germanum.... Testes
sunt.... Asselmus Ferlais de Alta Ripa, Ademarus Barba
de Claromonte, Berlio Joceranni, Boso de Sancto Germano.

<h2 style="text-align:center">245</h2>

CAMPUM quemdam...., sicut Agnes matrona dedit mo-
nialibus Sancti Pauli et confirmatum est sigillo Humberti
archiepiscopi, vendiderunt moniales fratribus Bonevallis,
CCLx^{ta} solidis et apparatu puelle : laudante Villelmo
Boveti cum uxore sua, et Villelmo de Sancto Johanne cum
uxore sua. Qui etiam Villelmus de Sancto Johanne laudavit concambium quod Rollannus Boci fecerat Agneti,
uxori Guigonis[1] Isiliardi, in presentia domini Gocewini
abbatis. Testes sunt Rostagnus Baroz, Bernardus Armanni
de Pairin et Amedeus filius ejus, Rostagnus de Crespul,
Bernardus clericus frater ejus, Fulco frater Villelmi de
Sancto Johanne.

<h2 style="text-align:center">246</h2>

... Guigo dedit fratribus Bonevallis campum juxta viam
sub Buxeria... : acceptis LXII solidis; laudantibus hec
Agnete matre pueri cujus feudum fuerat, et Guillelmo de
Sancto Johanne et Guillelmo Boveti de Castro Novo, maritis duarum filiarum ejusdem matrone... Hoc factum est in
presentia domini Gocewini abbatis. Testes sunt Rollannus

---

[1] Le manuscrit porte *Guiguigonis*.

Boci, Arnaldus Guinandi, Ainardus de Albun, Jarento, Guigo de Urnaceu.....

Postmodum vero Joffredus Remestagni movit calumpniam et, cognito quod ejus alodium esset...., laudavit....; Guillelmo Ademari, genero prefati Joffredi, etiam Garino Girberti teste... Hoc laudare fecit Muntarsinum filium suum; testibus Silvione Bernardi, Guigone Bernardi filio ejus, Guigone de Aia.

247

Jarento filius Jarentonis de Moras in finem vite sue campum quemdam... fratribus Bonevallis dedit. Hoc ab eo ita testatum Guigo de Corp socer ejus abbati... nunciavit, in presentia Jordanis ministralis comitis de Albun, Girberti Burnonis....

248

QUEDAM matrona de Moraz, Petronilla nomine, cum filiis suis Fulcone et Ismione et filia sua majore, nam aliam habebat adhuc infra annos, vendidit fratribus Bonevallis quoddam proticulum.... Fidejussores sunt Gago canonicus de Moras, Hugo Gilineus et Vial de Moras....; idem sunt testes et Armanus Cardonus et Bruno Beels.

249

GARINUS Girberti de Revel, cum uxore sua et filio suo Gagone, dedit et vendidit fratribus Bonevallis quoddam pratum.... Factum est apud Landrinum, in presentia... Petri Corriarii, Arnardi de Spinosa, Bonafusth, Petri Heremite, Arnaldi Guinant.

250

Burno de Revel, cum filiis suis Burnone et Ademaro, et uxoribus eorum Beatrice et Martha, dedit et vendidit fratribus Bonevallis nemus quoddam quod vocatur Becia Cv solidis........ Silvio Asterii et Ismido de Anjo. Testes sunt .. Humbertus Bertranni, Petrus de Malavalle, et Aquinus et plures alii de Anjo. Hoc factum est apud idem castrum...., in domo predicti Burnonis.

251

Guigo de Corp, filius Hectoris, dedit et vendidit fratribus Bonevallis quamdam vineam..... in parrochia Sancti Mauricii, et habuit inde equum unum et x solidos. Hoc laudavit uxor ejus. Testes sunt et fidejussores Guigo de Corp, avunculus ejus, et Gillelmus Filippi et Bernardus Guichardi..., Petrus Filippi, Guillelmus Jalberti, Guichardus de Suireu.....

252

.... Muntarsinus de Helbone dedit domui Bonevallis..' octavam partem nemoris Mornesiensis, acceptis inde C. solidis.... Testes sunt Jouenc, capellanus comitisse, Brunus Bellus, ministralis ejusdem, Villelmus Giroudi de Altaripa. Sibodus vero de Valle, Boso Fossors, Ainardus de Helbone, Humbertus de Jareis testes sunt et fidejussores.

253

Sanctimoniales de Commercio habebant quemdam campum in territorio Sancti Mauricii, quem dederunt fratribus Bonevallis, quem domina quedam nomine Justa de Revel olim dederat eis.... Hoc laudavit Garinus de Parzia, et Ademarus et Guigo fratres ejus, filii predicte Juste... Testes sunt... Falco Berlio de Bellagarda, Guigo Pullineus...., et Sibodus de Turnin et Ismido Borelli de Urnaceu.

254

ARTAUDUS de Russillun vendidit Pontio, fratri suo, terram quam habebat in territorio Sancti Mauricii, 470 solidis Viennensibus; quam terram predictus Pontius dedit domui Bonevallis.... Hoc laudavit filius Artaldi, Guillelmus, et filia ejus, uxor Ademari de Farnai..... Hugo vero de Argentau et Guigo Artondi testes sunt e fidejussores...., Raimundus de Russillun et filius ejus Guigo, Petrus Asterii de Anjo, Andreas famulus predicti Pontii... De laude Guillelmi filii Artaudi et filie ejus testes sunt Hugo Franco..., Franco de Albaripa, Petrus Baraterii, Petrus de Lai, Otmarus filius Oliveri de Pineto.

255

VILLELMUS Filippi de Suireu vendidit, ducentis solidis decem minus, fratribus Bonevallis duodecim sextariatas terre apud Landrinum et culturam in terra Garini Girberti in eodem territorio, et in terra nostra quam Rollannus de Marcoleno ab ipso tenebat.... Hoc laudavit Clavellus frater filiorum predicti Villelmi.... Pontius de Russillione hujus rei testis est et fidejussor, necnon Villelmus Jalberti de Suireu et Villelmus Alamanni; item testes sunt Isardus de Bellagarda, Hugo Otmari, Jarento de Anjo. Hoc eidem laudavit Guigo Clavelli, frater predicti Clavelli. Testis est Guigo de Albaripa et Aquinus frater ejus, et

Aimo Clavelli. Hoc autem laudavit Petrus Heremita et uxor ejus, et Villelmus de Mercurol cum uxore sua... Testes sunt.... Muntarsinus de Helbone, Aimardus, Boso Fossors..., Petrus de Trafforth prior Sancti Aviti.

256

... Armannus Cardons dedit atque laudavit fratribus Bonevallis.... quicquid apud Sanctum Mauricium possidebant..., in presentia Muntarsini de Helbone, Fulcherii de Mantul, Gaufredi de Furnisello.

257

Simondus de Valle et Agnes uxor ejus moverunt calumpniam fratribus Bonevallis, in prato quod habebant a Guigone Isiliardo; postea, in presentia Pontii de Russillione....., Johannem de Bocoirun ita se habere, pacem se tenere promisit. Hoc factum est in presentia..... Bonafust de Spinosa, Johannis filii Stephani Beroudi, Arnaudi Boniti, fratrisque sui Petri Gaii.

258

Pontius de Russillione dedit fratribus Bonevallis., quicquid habebat in territorio Sancti Mauricii : habitis inde 485 solidis. Hoc laudavit uxor sua, et Aimo filius ejus et Artaudus frater ejus. Dedit etiam idem Pontius eisdem fratribus filium suum, Dei et beate Marie de Bonavalle servitio mancipandum. Quia vero Pontius de venditione possessionis sue vicinorum suorum verecundiam et infamiam verebatur incurrere, sub specie traditionis filii sui predictam venditionem factam fuisse simulavit, veritatem autem rei tribus cartis jussit exprimere, et unam earum apud Bonamvallem et alteram apud Insulam

subtus Viennam, tertiam quoque apud Sanctum Vale-
rium reservari mandavit, ne quid questionis et calumpnie
in prefatam emptionem fratribus in postmodum venire
posset. Testes sunt Ervisius Siebodus, Petrus de Verevilla, monachi, frater Burno de Cartusia, Otmarus Ran-
cols, Hugo de Argentau, Andreas armiger predicti
Pontii.

259

GARINUS de Revello dedit fratribus Bonevallis.... terre
in territorio Landrini, habitis inde C solidis Viennensibus.
Testis est inde et rei laudator Petrus Girberti, nepos
ejus, Oliverius de Revello, Rostagnus et Petrus de Verevilla, monachi. Guichardus vero de Revello et Pontius de
Challen testes et fidejussores.

260

VILLELMUS Philippi de Suireu dedit domui Bonevallis
quidquid habebat in pratis et terra, in territorio Sancti
Mauricii, ex parte uxoris sue; et habuit inde 150 solidos
Viennenses. Hoc laudavit filia ejus et maritus ejus, Villel-
mus Gago. Testis est et fidejussor Pontius de Russilione
et filius ejus...., Willelmus Gago, Villelmus Alamanni,
Guigo de Corp, Rostagnus ministralis predicti Poncii,
Villelmus Cellarii.

261

Guigo de Corp et uxor ejus dederunt fratribus Bonevallis quicquid habebant in territorio Sancti Mauricii,
acceptis inde C solidis Viennensibus.... Item testes sunt
et fidejussores Villelmus Philippi, Villelmus Alamanni.
Villelmus Gago.

262

Similiter Villelmus Gago dedit fratribus Bonevallis quicquid habebat in territorio Sancti Mauricii, et habuit inde 40 solidos... Hujus rei testes sunt et fidejussores Pontius de Russilione, Villelmus Philippi, Villelmus Alamanni, Guigo Artoudi.

263

Sibodus de Valle dedit in perpetuum domui Bonevallis totam terram et prata que possidebat, ex parte uxoris sue, in territorio Sancti Mauricii : habitis inde 215 solidis, et uno sextario frumenti et duobus caseis. Hujus rei testis est et fidejussor Guigo comes de Helbone...; item testes sunt et fidejussores Pontius de Russilione et Gago de Revel. Notandum autem Pontium de Russilione eo modo fidejussorem existere, quod predictus Sibodus filium suum, quando ad laudabilem etatem pervenerit, laudare id faciat.

264

Notum sit omnibus presentibus et futuris domnum Guigonem, Bonevallis abbatem, cum Ademaro sacrista Cluniacensi sic convenisse de decimis in parrochia Sancti Mauricii.......... Anno ab Incarnatione Domini Mⁿ. Cⁿ. LXⁿ. IIIⁿ...., in presentia Rollanni Boci militis, Arnaldi Guinans....., Andree de Suireu.

265

.... Yvo prior de Potgiaco, consensu Petri Guinandi et monachorum secum habitantium, dedit fratribus Bonevallis.......

266

JARENTO et Guido et Garnerius, filii Rollanni Veteris de Moras, moverunt calumpniam super decimis quas idem Rollannus pater eorum fratribus Bonevallis apud Landrins dederat....; istam dimiserunt, acceptis inde quatuor libris Viennensis monete. Fratres autem Bonevallis quemdam puerum parvulum, fratrem eorum, pro amore Dei receperunt..., in presentia Guigonis Bernardi, Muntarsini de Elbon et Girberti Cellararii. Brunus vero Bellus et Manasses de Revel.... fidejussores.

267

SIMON de Elbone dedit.. fratribus Bonevallis... ad medium fenum in pratis de Aqua Bella, et habuit inde equum... Hoc factum est per manum Petri abbatis, in presentia Villelmi de Pinnano, Petri de Verevilla, Arberti Girardi et quorumdam fratrum de Landrino, etMontarsini, qui habuit inde caseum et fidejussor est.... Hoc laudavit Acelena uxor Simonis et Nicholaus frater ejusdem Simonis. De laude istorum testes sunt Montarsinus et Joffredus de Verevilla, et Aienardus de Albone et Villelmus Falconis.

268

GUIGO Clavellus dedit... Bonevail(ensibus) sextam partam molnarii de Insula, et...., habuit x solidos. Hoc factum est per manum Petri abbatis, in presentia Villelmi de Pinnano et Petri de Verevilla, et Arberti Girardi et Montarsini, et Malleni ministralis Guigonis, qui habuit inde duodecim nummos.

269

Villelmus de Merculione, post mortem Francisci fratris sui, movit calumpniam fratribus Bonevallis....; tandem Pontius de Russillione... statuit.... Guillelmo de Merculione.... triginta solidos, quorum ipse Guillelmus dedit quinque Petro Desiderii et alios quinque Petro Heremite, qui sororem ipsius habebat uxorem. Hoc factum est per manum Guigonis abbatis. Testes sunt Rostagnus Baruc, Petrus de Verevilla, Arbertus Girardi conversus, Pontius de Rusillione, Montarsinus de Elbone, Guigo Bernardi et Jordanus de Albone....Laudavit uxor Guillelmi de Merculione. Testes sunt Bertrannus de Clavayson et Petrus Desiderii de Ratteires..... Guillelmus de Merculione promisit fratribus quod filios suos Adonem et Guigonem, cum ad etatem laudandi..., laudare faceret. Testes sunt... Isardus ministralis, et Anselmus de Rateires et Pontius de Volta, qui sororem predicti Adonis et Guigonis habebat uxorem, et hoc ipsum laudavit.

270

Hugo de Anjo dedit.... fratribus Bonevallis... pascua.. apud Jarceu. Hoc factum est per manum domni Johannis, abbatis ejusdem loci. Testes sunt Andreas Charres, et Stephanus de Aqua Nigra et Aacelmus frater ejus et Johannes de Chalcioni, conversi. Hoc donum fecit postea idem Hugo abbati Gocewino.

271

In egressu nemoris Viviani de Jarceu, que ducit ad Sanctum Mauricium, erat particula terre inculte, quam dedit Catbertus de Revello.... fratribus Bonevallis; et habuit ab eis x solidos et Burno Fenerator, ministralis ejus, caseum. Testes sunt Petrus de Verevilla, per cujus manum factum fuit, Guido de Pac et Petrus filius ejus, Petrus de Brollio et Nantelmus nepos ejus.

272

JARENTO de Moras, Guido et Garnerius fratres ejus dederunt fratribus Bonevallis tachiam duarum particularum terre, que sunt site ad aggerem de Spinosa, et calumpniam quam licet injuste faciebant in decimis de Landrins, pro Girberto fratre suo quem susceperunt Bonevalli..... Testes et fidejussores de pace sunt Gago et Petrus de Laia frater ejus, et Brunobels de Moras et Manasses de Revello.

273

NOTUM sit omnibus quod fratres Bonevallis emerunt a Rollanno Boci quasdam pecias terre, quas idem Rollandus tenebat in feudum ab Ysardo de Moras; in quo, ne Rollannus injuriam faceret Ysardo, tantum de proprio alodio ab Agnete matre Ysardi et a Willelmo Boveti, tunc temporis tutore ejusdem Ysardi, in feudum accepit quantum pro escambio suffecit. Item.... emerunt a Guigone de Porta quedam que similiter erant de feudo Ysardi, pro quibus.. Guigo Ysiliardi, pater Ysardi, a Guigone de Porta escambium habuit.... Super his..., cum Ysardus jam factus esset miles, movit calumpniam...; Agnes quoque, mater Ysardi, et Willelmus Boveti et Nantelmus Vitulus, qui sorores Ysardi uxores acceperant..... Dederunt Bonevallenses Ysardo C. solidos et Willelmo Boveti quinque et Othmaro Raculfi alios quinque, et sic....

remiserunt... Fidejussores dedit Ysardus Willelmum
Boveti et Armannum Carduum et Brunonem qui dicitur
Bels...Testes : Johannes de Bocoirun, bubulcus..., Othmarus Raculf et filius ejus Othmarus, Armannus Carduus
et Bruno Bels ministralis, Rollannus Boci... Postea Nantelmus Vitulus laudavit. Testes Ysardus de Moras et Garnerius de Moras et Catbertus de Revello.... Agnes, mater
Ysardi, laudavit. Testes sunt.... Rollannus Boci et Guenisius de Moras. De predicta quoque pace sunt fidejussores Willelmus de Sancto Albano et Andreas de Sui-
rieu.

274

Guigo Equa, in extremis suis, dedit fratribus Bonevallis... apud Mantulam... Testes.. Radulfus decanus Gracia-
nopolitanus, Bernardus Borrez capellanus, Petrus Equa,
frater predicti Guigonis, et soror ejus, Barnardus Chalneis,
Humbertus famulus jamdicti Guigonis... Super his, post
mortem Guigonis, movit calumpniam Ysardus nepos ejus
et mariti sororum ejus, Willelmus Boveti et Nantelmus
Vitulus : dederunt Bonevallenses 200 solidos..; sic remiserunt Ysardus et mater ejus, Willelmus Boveti et uxor
ejus Aiglina, et Nantelmus Vitulus et Dalmasia uxor ejus.

275

Nantelmus de Angio et fratres ejus Jarento et Hugo
quesierunt fratribus Bonevallis custodiam in porcis suis
apud Landrins, et super hoc Burno de Voyrone, cognatus
eorum, monuit eos....; et ipsi.... cessaturos promiserunt
et pascua, sicut pater eorum dederat, dederunt ; et habuerunt xxti solidos, Nantelmus xv, Jarento v. et Hugo v....
Factum in presentia Pontii de Russillione. Testes sunt

Bernardus Equarius conversus, Burno de Rovello.......

276

WILLELMUS Boveti, de Castro Novo, movit calumpniam fratribus Bonevallis et... remisit.... : habitis ab eis xxx et v. solidis. Testes sunt Rollannus Boci et magister Anselmus. Id ipsum laudavit itidem Willelmus... apud Castrum Novum, et uxor ejus et Willelmus Boveti filius ejus. Testes sunt Romestagnus Fossorius, et Bernardus de Ruino et Agnes de Morasio. Id ipsum laudavit Isardus de Morasio, in quadam infirmitate sua, apud Castrum Novum, in presentia demni Petri abbatis. Testes sunt.... Jarento de Morasio, Willelmus Boveti et Guigo Quoqua. Itidem laudem fecit Isardus in capitulo Bone Vallis, in presentia predicti abbatis. Testes.... Raimundus Laytenz... Acta anno... Mº. Cº. LXº IIIº.

277

PETRUS Vagina movit calumpniam fratribus Bonevallis super decimis de Landrins, dicens quod sui juris et officii erat tres partes harum decimarum ducere...; et tandem, in presentia comitisse veteris de Albone[1], consilio et diffinitione Rollanni Boci et Petrui Alvis, dederunt.... Petro Vagine x solidos : et sic ipse usum et mercedem quam habebat in decimis solvit... Illud quoque quod pater suus Amedeus eis antea in decimis dederat, laudavit ; mater quoque ipsius... Testes sunt Armannus Garda et Armannus Carduus.

---

[1] Marguerite de Bourgogne († 1164).

278

GOTAFREDUS de Morasio, filius Hugonis Maynoldi, vendidit et dedit fratribus Bone Vallis quicquid habebat in tertia parte de molnari quod est in parrochia Sancti Mauricii....; et... habuit xxx tres solidos. Testes sunt..... Hector de Visilia et Hotbertus de Suireyo..., Boso de Revello.

279

NOTUM sit omnibus quod fratres Bonevallis terram quandam, quam Berlio de Moyrenc dederat eis quando ad conversionem venit, concambiaverunt Humberto de Rochitallia et Agneti uxori sue et filio ejus Guigoni Rachaz, pro omnibus his que habebant in parrochia Sancti Mauricii et hec... redemerunt ab Aenardo de Albone LX. solidis..... Supervenit Guigo de Corp, dicens quod.... ab ipso recognosci debebant..... Testes et fidejussores : Muntarsinus de Albone...., Guigo de Albaripa, Aenardus de Albone, Silvio Asterii, Munaldus et Joffredus de Albone... Id laudavit... Guigo Raschas. Testes sunt Humbertus de Rochitallia, Hugo Franconis et Galvannus frater ejus, Villelmus Oliverii.., Villelmus de Annonay, Guichardus de Pineto....., Aimo et Villelmus de Russillione et Guigo de Corp, cujus uxor... hec laudavit, in manu Petri Philippi, presente et jubente Petro de Verevilla et Alberto Giraldi..., Villelmo Alamanni et Villelmo Gagonis... Id ipsum laudavit Bartholomeus, filius predicte Agnetis, de cujus jure erat... Testes... predicta Agnes et Hunbertus de Rochitallia, maritus ejus, Muntarsinus de Albone et Joffredus nepos ejus, et Petrus Ismidonis. Acta et dictata Bonevalli, anno ab Incarnatione Domini Mo. Co. LXo. Io.

280

PREDICTO concambio facto, Peleta, mater Joffredi Berlionis et Aenardi, non promisit[1] ut Humbertus de Rochitallia terram..... pro concambio... coleret, et hoc quidem sepius Humbertus ad Bonevallenses retulit.....; a quibus tandem Peleta, per Bosonem Cantorem et Aimonem Carduum et Petrum de Arelate circumventa, apud Mantulam cum filio suo Berlione..... calumniam.. remisit...., laudans Bonevallensibus...., insuper Humberto de Rochitallia.... et filiastro suo Bartholomeo. Hoc fuit factum in presentia Villelmi Boveti. Hanc ipsam laudem fecit alius filius Pelete, Joffredus, apud Castrum Novum..... Propter hoc habuit Pelleta a Bonevallensibus L solidos et filii ejus Berlio, Joffredus et Aenardus XL, Villelmus quoque Boveti quinque alios solidos.... Testes.. : Boso Fossorius et frater ejus Romestagnus, et Guigo Ricardi et filius ejus Stephanus. Et sciendum quod jure pignoris.... habebat Petrus Ismidonis... pro CCCC^{tis} L^{ta} solidis.... : denuo impignoravit eam fratribus Bonevallis.... Dedit.... fidejussores..... et Rollannum filium Petri Samsonis.....

281

GUIGO de Corp dedit fratribus Bonevallis.... quicquid habebat in parrochia Sancti Mauricii, acceptis 270 solidis.... Fidejussores de pace, et ut id ipsum laudarent Othmarus de Corp et Falco frater ejus,... fuerunt Muntarsinus de Albone, Humbertus de Rochitallia, Aymo et Willelmus de Rusillione, Galbertus de Suircu et Andreas

---

[1] Lire sans doute *permisit*.

ministralis. — Hoc ipsum laudavit uxor predicti Guigonis et Galvannus filius ejus.... Testes.... : Petrus Philippi, Willelmus Alamanni, Willelmus Gagonis.... Othmarus de Corp.... laudavit eis.... Testes sunt... (ipsi) et Guigo de Russillione....; et habuit XL solidos.... Guigoque Tolvons et uxor ejus, que erat soror Othmari de Corp, laudaverunt....... Testes sunt... Petrus Asterii et Willelmus Bernardi et Raynaldus de Anjoldo...... Uxor Guigonis de Corp habuit 3 solidos et unus ex filiis ejus quinque denarios ad sotulares emendos.

282

BARNARDUS Raschaz et Stephanus frater ejus, et Johannes de Palayseu et Aymo de Bocesez, socer ejus, tenebant a fratribus Bonevallis quandam vineam.. apud Spinosam et villanagium; et.... dederunt eisdem Bonevallensibus..., habitis... XL solidis et quatuor sextariis siliginis... Ex parte Barnardi et fratris ejus sunt fidejussores Benedictus Belloz et Desiderius de Mercurio.. Testes sunt.... Arbertus ministralis et Barnardus frater ejus, Johannes Vivinus et Desiderius de Vallusa et Andreas de Jarceu..., etiam Nantelmus de Jarceu.... Ex parte vero Johannis et Aymonis sunt fidejussores Barnardus Raschaz et frater ejus Stephanus. Testes sunt Martinus de Sancto Sartunino et Stephanus de Buxo, conversi, et Permenes... Benedicta uxor Aymonis id laudavit et etiam Petrus filius predicti Barnardi, qui... habuit zonam unam.... Sciendum vero quod quedam mulier, nomine Alacis, villanagium in quadam parte predicte vinee dederat antea. Testes sunt.... Willelmus Cornarius et filius ejus. Hoc laudavit Johannes de Palayseu et Benedicta filia ejus.... Testes sunt Barnardus Rachaz, cum Petro filio suo, et frater ejus Stephanus, qui etiam pro sorore sua, uxore Martini Clerici, sunt sponsores.

283

Guigo Tolvons movit calumpniam fratribus Bonevallis in vinea de Landrins... et remisit eis, habitis... x solidis ; propter quod etiam et matrem suam et fratres et sorores suas id laudare fecit.., et fidejussorem dedit Petrum Claretum. Testes sunt Arbertus Girardi, Petrus Asterii et Willelmus Barnardi. Falco quoque, avunculus predicti Guigonis, id laudavit....

284

Silvius Asterii dedit jure perpetuo Bonevallensibus ad medium fenum prata que fuerunt Guigonis de Aya. Hoc laudavit Agatha, que et antea fuerat uxor Guigonis de Aya et postmodum Silvii Asterii. Hoc quoque laudaverunt due filie ejusdem Agathe et Raynaldus, cui matrimonio (conjuncta) erat una de predictis.. nomine Susanna, et Symon de Albone, quo mediante id actum est et habuit tinatam feni, et Muntarsinus de Albone, qui feudum.. habere dicebat, habuit unum caseum. Propter hoc totum habuit Silvius Asterii et alii heredes C. solidos, uno equo pro quatuor libris computato. Testes sunt.... donnus Petrus abbas Bonevallis...., Nicholaus frater Simonis de Albone...., Willelmus Barnardi et Petrus Asterii...., Aenardus de Albone... Ex parte vero Agathe et unius filie ejus, non quidem illius que erat uxor Raynaldi de Anjoldo, sed alterius sunt testes Petrus de Verevilla et Engelelmus clericus, nepos ejus, et Petrus de Arelate, conversus, Arbertus Masantafeys et Joffredus de Albone.

285

ISARDUS de Morasio dedit fratribus Bone Vallis, pro
8 solidis, illam partem que se contingebat in molnari de
Landrins. Testes sunt..... Fulcherius et Michel de Mantula.

286

AGNES, uxor Montarsini, eo mortuo.... concessit fratribus Bonevallis quamdam petiam terre sitam in condamina
de Ouron..... Laudaverunt filii predicte Agnetis et Montarsini, Hugo et Montarsinus et Joffredus... Testes sunt...
Engelemus, canonicus Sancti Valerii, et Joffredus de
Albone, frater ejus, et Arbertus Masantafeys.

287

ISARDUS de Moras.... Bonevallis donavit et vendidit
pratum unum... in Aqua Bella : habuit inde CCCC^{los} x^{cem}
solidos Viennenses. Testes sunt...... conversi, Rollandus
Boza, Jarento de Moras, Pontius de Bellagarda, Willelmus de Sancto Albano, comitis ministralis, Guigo de Lai,
Mallenus Bavus. Fidejussores... sunt idem Willelmus,
Guigo de Lai, et Armannus Carduus... Hoc laudavit...
mater ejusdem Isardi..... Uxor ejusdem Isardi hoc laudavit...; mater ejusdem Isardi hoc laudavit... Testes sunt
qui supra et..... Petrus Agninus, Andreas de Scureu..
Hoc quoque laudavit Willelmus Boveth apud Mantul, in
domo Petri Constantini. Testes sunt Nicholaus monacus
et Bernardus conversus et Willelmus de Valle, Siboudus
frater ejus, Pontius de Bellagarda... Hoc etiam laudavit
uxor Willelmi Boveth, soror Isardi, apud Castrum Novum, in domo sua..Testes sunt.... Willelmus de la Poipa,

Sibondus de Valle, Petrus de Verevilla, Andreas de Sancto Mauricio... Petrus quoque Agninus, ministralis ejusdem Isardi,... laudavit....

288

DE DIVISIONE AQUARUM AD PRATA IRRIGANDA.

Pratum Garnerii Rufi habet aquam die jovis a....; pratum Fulconis de Moras habet aquam.....; pratum Isardi Isiliardi habet aquam.....; pratum Selvionis Asterii et Sismundi habet aquam die dominico....; pratum Guigonis Isiliardi habet aquam... venit de Aqua Bella...; habemus aquam de Aqua Bella die dominico a meridie.....

289

Ego Nantelmus de Anjoldo dono... fratribus Bonevallis, videlicet domno Hugoni abbati,... boscum et planum qui fraterno et hereditario jure in Beccia me contingit.... Sunt testes.... et totus conventus, et Poncius miles de Bellagarda. Ad designandum vero metas.... ego Nantelmus et Burno de Voyrone, cognatus meus,.... et Arbertus ministralis de Jarceu et Pontius de Cruce... Hoc laudare debet filius meus Nantelmus cum ad etatem laudandi venerit; et sponsores sunt fratres mei, Jarento et Hugo, predictus Pontius de Bellagarda et Isardus de Anjoldo.

290

Hoc predictum donum de Becia..., quod fecit Nantelmus Bonevallensibus, laudaverunt fratres ejus Jarento et Hugo.... Ibidem predictus Hugo solvit querimoniam quam faciebat eis de prato apud Petrariam..., quod antea fecerat in manu domni Hugonis abbatis, in presentia... Hugonis Rufi, ministralis de Moysseu,.... Confirmave-

runt in ciminterio Bonevallis, coram Jarentone puero de
Clavayson et Berlione ejusdem castri milite...

291

VILLELMUS de Russilione laudavit... fratribus Bonevallis.... decimas in territorio Sancti Mauricii... Hoc fecit
in presentia domni Hugonis abbatis..., anno ab Incarnatione Domini M°. C°. LX° VIIII°. Testes sunt inde Ado et
Michael supprior, et Petrus Adoardi, Amedeus et Pontius de Russilione, monachi Bonevallis, et Petrus Umberti de Pineto.

292

ANNO ab Incarnatione Domini millesimo C°. LX° VIIII°,
Isardus de Morasio movit et fecit querimoniam fratribus
Bonevallis...:, et remisit.... Testes sunt inde Soffredus de
Claromonte et Petrus de Verevilla et Pontius de Rui, monachi Bonevallis, Barnardus Mallenis et Andreas conversi, Rollannus Boci et Fulco de Morasio, et Barnardus
armiger Arnaldi Guinant.

293

ISARDUS de Morasio dedit.... fratribus Bonevallis quicquid habebat in bosco qui dicitur Morneys....; et propter
hoc habuit ab eis 540 solidos... Testes sunt.... Aymo
Carduns et Petrus de Podio, conversi, Willelmus de
Valle et Rollannus Boci, Jarento de Morasio et Guido
frater ejus, et Villelmus Bovez, cui soror Isardi, Aiglina
matrimonio conjuncta est... Hoc totum laudaverunt...
Agatha, uxor Isardi, apud Morasium, in domo Fulcherii ;
nepos ejusdem Isardi et ipse Fulcherius, in domo Frarini
de Morasio ; et apud Castrum Novum, in domo Villelmi

Boveti, mater Isardi Agnes, cum filia sua Aiglina et cum filiis suis Guigone, Isardo, Nantelmo, Jarentone, Chatberto, Aenardo... Sunt testes... Aenardus de Castro Novo, Ismido de Pacta, Willelmus Bonins et Pontius de Doennay, Petrus de Laya et Frarins..., Pontius abbas Lioncelli...., Pontius de Chalmen et Villelmus Sibodi, Guotafredus de Castronovo et Sibodus de Valle. Hoc ipsum laudavit Sibodus frater Isardi. Testes sunt Johannes Cellerarius, et Villelmus de Laya et Hugo de Alba Ripa, et Rollannus de Poypia et Hugo Pelliparius, Vialez de Morasio et Girardus de Sancto Juliano.

294

OTHMARUS de Corp dedit... fratribus Bonevallis dominium..... in illa parte bosci de Morneys, quam Isardus de Morasio dedit eis,... et habuit 260 solidos. Testes sunt Aymo Carduus, conversus, et Nantelmus de Cattunnaico et Petrus de Givorre.... Othmarus dedit..., presertim pro Galvanno consobrino suo, fidejussores Jarentonem de Anjoldo, Guigonem de Corp. Testes sunt Milo de Semons et Hugo de Albone, filius Agnetis.

295

GUIGO de Russilione movit querimoniam Bonevallensibus in bosco de Morneys, quem Isardus de Morasio et Othmarus de Corp vendiderant..., asserens quod de feudo suo erat. Tandem vero solvit...., in manu domni Hugonis abbatis.... Factum apud Sanctum Raymbertum, in claustro. Testes sunt Petrus de Verevilla, monachus, et Lambertus conversus et Willelmus de Challeu.

296

POSTEA vero contingit quod Isardus de Morasio dedit

parum de bosco de Morneys fratri suo Sibodo, dicens
quod hoc non erat de tenore predicti bosci : tandem tamen, recognoscens quod de eodem tenore erat, dedit
illud Bonevallensibus in manu domni Hugonis abbatis.
Testes sunt.. Petrus de Podio et Petrus de Leens, conversi, et Bermundus abbas Insule Barbare.

297

.... Philippus de Suireu, quando ad conversionem venit
in Bona Valle, dedit... useam terre..., juxta condaminam
de Landrins... Hoc fecit apud Landrinum, presentibus
parentibus et cognatis suis... Hoc donum laudaverunt
Willelmus de Suireu, pater ejus, et Guigo Clavelz, frater
ejus.., Anna soror ejus atque nepos ejus, Bernardus Gago
et Willelmus Gago, et etiam Gago terre illius ministralis.

298

Quoniam diminute.... Guido de Moras.:. dedit.... in
alodium.... fratribus Bonevallis pratum et mulnare quoddam in Valle Aurea, et quod Mallenus de Septimo et
Guido nepos suus... ibi, dum adhuc viverent, dederant....
laudavit .. Hoc fuit factum apud Septimum...., anno... Domini Mo. Co. LXXo VIIIo... Testes... Hismido de Septimo,
qui etiam propter hoc habuit tres solidos, et Uldricus
filius suus, Berardus Andree et alius Berardus, prepositus
Guidonis de Moras, et Berchelz.

299

Hugo de Anjoldo et Jarento frater ejus moverunt calumpniam in terra de Petraria... et in pascuis, que pater
eorum et ipsi pariter dederant Bonevallensibus,... et laudaverunt eis. Factum est hoc apud Landrinum...., in

presentia domni Petri car(dinalis?) archiepiscopi [1] et domni Hugonis abbatis Bonevallis....

300

AQUINUS de Alba Ripa et uxor ejus moverunt calumpniam in pratis de Gajeriis in Valloria ; quibus, pro pace adquirenda, dederunt Bonevallenses XL solidos... et laudaverunt... Testes sunt Armatus et Gilbertus frater ipsius Aquini, conversi Bonevallis, Bollat de Albaripa et Gitfredus milites.

301

OTHMARUS de Corp dedit..... fratribus Bonevallis quicquid quoquomodo habebat in tota Valloria, exceptis feudis militum : propter hoc habuit a Bonev(allensibus) M. CCC^{tos} XX solidos. Hoc factum est apud Reveist.. Testes... predictus Othmarus, Guido canonicus frater ejus, Willelmus Alamanni, Guido de Corp, milites, Bellio Falconis... Laudaverunt ibidem filius ipsius Othmari, Hugo nepos ejus, Susanna soror ejus et maritus ipsius....

302

BERLIO Peysselt cambiavit Bonevallensibus quamdam terram... in agro de Lualeria...., pro quodam cortili.... apud Spinosam..... Testes... Antelmus de Anjoldo et filius ejus, et responsores de pace.

303

MALLENUS Bucibant, de Septimo, et Guido nepos ejus dederunt.. fratribus Bonevallis.... quoddam pratum apud

---

[1] Pierre Ier, doyen, puis archevêque de Vienne (1121-5).

Valloriam... Hoc donum fecerunt apud Septimum, in presentia Ismidonis de Septimo, et Guidonis et Guenisii nepotum ejus.... In hoc dono moverunt calumpniam neptis illius Malleni et maritus ejus...: dederunt eis... xxx solidos... Testes sunt Bollat de Alba Ripa miles, Aymo de Robore presbiter.

304

MARTINUS de Parzia dedit... fratribus Bonevallis quicquid habebat... in territorio Sancti Mauricii...: xxx^{ta} sex (libras) dederunt ei...., in manu domni Hugonis abbatis, apud Landrinum. Hoc laudaverunt... Otmarus de Corp et Guigo de Corp, Galvannus et Guigo filii ejusdem Guigonis, Berlio Falconis et Humbertus de Parzia, qui... fecerunt fidejussionem. Idem Humbertus de Parzia firmiter spopondit se iterum dare fidejussorem... Guigonem de Rossillione vel juniorem Drodonem de Bellovidere... Testes... Sibodus de Tortone et Garnerius de Moras, milites, Petrus Rainerii, Petrus Firvenz, Bernardus Guinarz et Bartholomeus Moschez.

305

VILLELMUS Falconis et uxor sua Audisia dederunt... Bonev(allensibus) terram..., juxta molendinum de Landrino..; et habuerunt... duodecim libras et dimidiam.... Sunt fidejussores idem Willelmus et Humbertus de Sunnayo... Testes....: Hugo Othmarus et Jarento de Moras et Willelmus Bunins, milites, Gaufredus de Furmisel, ministralis comitis, Willelmus Vincencii, de Monte Brutonis, Petrus Vannator. Hoc donum postea iterum fecit... Audisia uxor predicti Willelmi, de cujus jure erat...: reddiderunt ei vij libras de predicta pecunia..., nam centum

et decem solidos jam habuerat predictus Willelmus.
Testes sunt Humbertus de Sunnayo, Latardus Cellararius
et Boysetz armiger Andusie. Sciendum vero quod Guigo
Bovetz et Antelmus frater ejus moverunt querimoniam
Bonevallensibus, super his que predicta domina eis dederat....; quam tandem dimiserunt...., in domo Jarentonis
de Moras, et habuerunt xxxv solidos.... De pace... fecerunt fidejussionem Jarento de Moras et Willelmus Bonins.
Testes sunt Guigo de Aquabella, et Hugo et Willelmus
filii Jarentonis.

306

Hugo de Anjoldo movit querimoniam Bonevallensibus
super quadam terra quam eis antea dederat Nantelmus
frater ejus... Postmodum dimisit et dedit, cum uxore
sua Agnete et filio suo Johanne... Factum apud Landrinum. Testes sunt.... Bermundus de Anjoldo, Arbertus
ministralis et Hugo Tolvuns.

307

Nantelmus filius Nantelmi de Anjoldo, consilio avunculorum suorum Jarentonis et Hugonis, dedit... fratribus Bonevallis.... quamdam terram ad vadium de Delone...
Testes sunt Jarento et Hugo, avunculi predicti Nantelmi,
et Stephanus de Puvillino.... Hoc laudaverunt due sorores ejusdem, videlicet Petronilla, uxor Terici de Septimo,
et alia puella, que inde habuit ii solidos... Hoc factum
fuit apud Charceu..., anno ab Incarnatione Domini
M°. C° LXXX°. II°. Testes sunt... Gago de Anjoldo et Poncius de Bellagarda et Stephanus Basins.

308

.... Villelmus de Valle, miles, dedit.. fratribus Bonovallis.., per manum domni Hugonis abbatis ejusdem loci, terram et pratum... ad Albam Spinum...: habuit autem... quingentos solidos Viennenses.... Dedit... fidejussores Villelmum Bonini, Jarentonem de Morasio, Guigonem de Morasio..... Laudaverunt Villelma, uxor Villelmi de Valle, et Nantelmus eorum filius, apud Morasium... Testes sunt Villelmus de Valle, Villelmus Bonini, Jarento de Morasio, milites, Humbertus Guers et frater ejus Petrus de Sancto Germano, Villelmus Baldens, Hugo de Valle Gelata. Acta sunt hec anno ab Incarnatione Domini M°. C°. LXXX° V°.

309

Post hoc Sicardus de Albione movit querimoniam Bonevallensibus super his que, ut prescriptum est, a Villelmo de Valle adquisierant, dicens quod Nantelmus de Ango, cujus ipse filiam duxerat uxorem, L solidos haberet in terra illa.... Quapropter, habito cum fratribus qui aderant Bonevalli colloquio...., solvit et laudavit... Fidejussores... Montarsinum de Albione et Hugonem fratrem ejus. Actum est hoc apud Sanctum Saturninum..., anno.... M°. C°..LXXX VIII... Testes.. : Guigo Clavelz et Petrus Ismidonis, Rollannus de Poypia et Willelmus de Moras, Willelmus de Aya et Guido de Moras, Willelmus de Valle et Poncius de Bellagarda et Hugo Gosers, milites, Petrus de Partayllan et Vital custos de Moras, Stephanus de Puvillin et Petrus Aloa, Andreas Saccus et Hugo de Mantalia et Armannus Garda. De laude uxoris Sicardi, quam fecit.... apud Albionem, in domo sua, sunt testes... Montarsinus, Poncius Jordanis et Petrus filius Petri Ismidonis.

310

... Guigo Clavelz, in infirmitate positus, dedit... Bone-

vallensibus quicquid habebat in terra que est juxta Ouro-
nem..., duas videlicet partes ejusdem terre : tercia enim
pars Jarentonis de Moras dicebatur esse.... Hoc fecit apud
Moras, in domo sua, anno.... M°. C°. LXXX° VII°. Testes... : Johannes Druda, medicus, et Bonitus Boysuns.
Postea vero, tertio anno iter agressus in mota magna
expeditionis Jerosolimitane...., confirmavit idem Guigo
Clavelz Bonevallensibus, et omnia que a se et a genere
suo adquisierant.... Similiter fecit Othmarus de Corp, qui
cum eo aderat. Testes sunt... Bernardus Gagonis, Aschirius de Suireu, Drodo de Bornay, Willelmus de Vayllin,
milites, Desiderius de Jonas.

311

ROTHLANDUS de Poypia dedit... monasterio Bonevallis
terram que vocatur Becia... Anno ab Incarnatione Domini M°. C°. LXXX° VIII°. Hoc laudaverunt apud Altam
Ripam, in domo sua, Joetha uxor ejusdem Rothlandi et
Willelma filia eorum.

312

*Cette charte contient simplement concession par Pierre,
abbé de Clunis, à Guigue, abbé de Bonnevaux, des
dixmes du travail de deux charrues à Saint Maurice; —
sans datte.*

313

DE DONO AMEDEI DE ALTARIPA[1].

S ACROSANCTE Dei ecclesie, que in honorem beatis-
sime semperque virginis Marie et sanctorum marty-

---

[1] *En marge :* Ut jacet. — N° Il y a un vidimé original en parchemin de la présente charte, fait devant l'official de Vienne en 1291,
coté *Le Rivier* 1120. A. &J

rum Alexandri et Erculiani, in loco qui Bonevalles dicitur, fundata est, ego frater Amedeus, memor preceptorum Domini dicentis : « Vade, vende omnia que habes et eme margaritam illam » ; et iterum : « Qui non renunciaverit omnibus que possidet, non potest esse discipulus meus » ; et rursum : « Date et dabitur vobis » ; ut Dominus noster sua benignissima misericordia peccatis meis et meorum, videlicet patris, matris, uxoris, filii et aliorum parentum meorum, propiciari dignetur et ut in illo tremendi examinis die cum sanctis ad dexteram collocati illam dulcissimam nostri Salvatoris vocem : « Venite, benedicti Patris mei, percipite regnum vobis paratum; quod minimis meis fecistis, mihi fecistis » audire meream. Quicquid auri vel argenti, sive cujuslibet alterius rei, abbati et fratribus istius loci ante conversionem meam misi, et omnia que in ipsa conversatione mecum attuli et que prius [1] conversionem a debitoribus meis suscepi, et vineas meas de Altaripa et de Leemps, sine aliqua retentione, sine ulla contradictione, in presentia domni Johannis abbatis et ceterorum fratrum dono, laudo, confirmo, ut tam presentes fratres quam futuri in hoc loco Deo et beate Marie servientes habeant, possideant, utantur. Sane si aliqua irreligiosa, immo diabolica persona, hujus tam legitimi doni cartam cassare, contradicere, infringere, quod absit! unquam voluerit, sicut Anania et Saphira divina sententia percussus, cum Juda traditore in inferno cruciatu dampnetur eterno. Factum est istud donum et firmatum, domno Calixto secundo in papatu feliciter vivente et domno Petro venerabili archiepiscopo Vienne pontificante,

---

[1] *Lire* post, *suivant l'observation faite à plusieurs reprises.*

anno ab Incarnatione Domini millesimo-centesimo vice-
simo, luna decima.

314

AMEDEUS de Altaripa dedit fratribus Bonevallis quandam vineam apud Tercinam, et de nemoribus suis quicquid ipsius vinee et domui necessarium esset. Postea
vero Sibodus de Claromonte in dono de nemoribus calumpniam movit; denique, rogatus ab Amedeo Lausa-
nensi episcopo, quicquid calumpniabatur et si quid sui
juris erat, participationem de beneficiis ipsorum postu-
lans, predictis fratribus dedit et ut filios suos laudare id
faceret promisit. Hoc factum est per manus ipsius Amedei episcopi, in presentia Adonis, Falconis, Petri, jam
dicti loci monachorum, necnon et Amblardi Sancti Valerii
prioris. Testes sunt Villelmus Giroudi et filius ejus Giroudus, et Nicholaus predicti Sibodi ministralis, et filius
Ainardi de Monte Canuto et filius Gauterii Permene de Revel. Hoc ipsum laudavit filius ejusdem Sibodi Villelmus, in
presentia Adonis et fratris ejus Ervisii de Leems et Moysi
Viennensis canonici. Testes sunt Petrus de Bellomonte,
Guitfredus de Peladru.

315

DOMNUS Petrus Viennensis archiepiscopus, cum cano-
nicis ecclesie sue, dedit Johanni abbati Bonevallis et fratribus ibidem Deo servientibus decimas vinearum suarum,
videlicet vinee de Tercina et vinee de Leems : si quid
ipse abbas posset adquirere a laicis vel ab aliis qui eas
obtinebant. Cujus rei testes sunt Guillelmus de Candiaco
decanus, Amedeus Alloldi, Girbertus sacrista, Amblardus de Vernei, cum multis aliis.

316

POSTEA vero, ipse abbas adquisivit a Boneto capellano ecclesie de Tercina quicquid juris in vinea fratrum possidebat; existentibus testibus Rencone de Monte Canuto et Guillelmo Xpistino.

317

ITERUM a Guillelmo Ergolloso quicquid in ipsis decimis habebat, adquisivit; teste Aimone Alamanno.

318

ERGOLLOSUS quidam miles et Ademarus Boso, frater ejus, dederunt similiter quicquid in ea possederant; quorum testes sunt Haimo Alamanni et Guillelmus Bernardi.

319

BENEFACTA preposita de Commercio, cum sororibus suis, dedit fratribus Bonevallis quandam terram apud Petrariam, quam Nantelmus de Anjo pro duabus sororibus suis dederat ei; insuper et quicquid ibidem habebat dedit: acceptis CCCC. XL solidis Viennensis monete. Abbas vero Bonevallis predictas sorores Nantelmi pro hoc in conventu recipere fecit, pro quarum susceptione idem Nantelmus predicto abbati terram quam habebat in territorio Sancti Mauricii, cum suis fratribus Jarentone et Hugone, dedit: laudando etiam donum quod sanctimoniales fecerant. De dono sanctimonialium testes sunt Pontius Fontis Leone abbas et Rostagnus Baruz, Villelmus Richarz, Bartholomeus Giraldus, Villelmus Arnardi, Bertrannus Richarz. De dono ac laude Nantelmi et fratrum ejus testes sunt Rostagnus Baruz et Johannes de Pinosa, monachi, et Alissens amita eorum, et Villelmus Gago et Poncius de Bellagarda.

320

Hugo de Anjoldo dedit libere sicut possidebat monasterio de Comerz, pro duabus filiabus suis, omnia que habebat... loco cui nomen est Petraria....

321

Falco Berlionis dedit predicto monasterio, pro filia sua, nemus d'Ampillia..... Lamtelmus quoque de Morasio dedit eidem monasterio, pro uxore sua, unum mansum situm apud Moysseu..... Testes sunt Ugo de Anjoldo et Falco Berlionis et Berardus de Septino.

Idem etiam Berardus de Septino, et Mallenus frater ejus et nepotes eorum dederunt eidem monasterio, pro XL. III solidis, quicquid habebant in Valle Largis... Testes sunt Ugo de Anjoldo et Raymundus de Anjoldo et Falco Berlionis.

Item Willelmus Hotnars et frater ejus dederunt jamdicto monasterio quartam partem terre de Petraria, et habuerunt inde XXX solidos et unum palafredum ; procurator vero hujus rei, Bernardus Johanna, habuit inde v solidos. Testes sunt Lamtelmus de Anjoldo et Barnardus Johanna et David capellanus.

322

Berlio de Bellagarda et nepotes ejus Ademarus et Martinus, et item Petrus de Altafay et nepotes ejus, filii Isardi, dederunt... Bonevallensibus quicquid habebant apud Petrariam....; dederunt Bonevallenses v solidos Ber-

lioni et v nepotibus...; et item Hugoni Canuto, ministrali
predicte terre, v solidos..., Petro de Altafay v pro se ipso
et v pro nepotibus suis, et duos Petro ministrali suo.
Testes... : Hugo Rufus de Moysseu et Guigo Guers, Sinfredus de Bellagarda et Ademarus frater ejus...., Rollannus Boci et Rollannus de Bellovidere..., Umbertus de
Cattunayo.... Sunt fidejussores Borno senior de Revello et
Borno puer nepos ejus.... Testes... Guigo de Parzia et
Garnerius frater ejus.

323

Hugo de Anjoldo solvit... Bonevallensibus querimoniam... de prato apud Petrariam.....

324

Anno ab Incarnatione Domini M°. C°. LX°. VIII°, habuerunt Bonevallenses placitum apud Russillionem, in
domo et in presentia Holmari Raculf, cum Petronilla
quondam uxoris Berardi de Septimo, de querimonia...
grangie de Petraria.... : ipsa et filius ejus Guido et filia
solverunt.... Testes.... Artoudus Raculfus, Garnerius de
Villa, et Guido ministralis de Russilione.

325

Boso Rufus et Guigo de Vienna et Desiderius de Nacin
dederunt.... fratribus Bonevallis terram.. apud Petra-
riam... Testes... Petrus Major et Barnardus Johanna.
Testes item et fidejussores... sunt Petrus Rufus, et Hugo
Rufus et Petrus filius ejus... Laudavit hoc Isilia uxor
Petri Rufi, uxor quoque Bosonis Rufi et filius eorum
Galannus, apud Pinetum. Testes sunt Petrus de la Festa
et Morardus de Pineto et Siboudus de Burnay, nepos

Petri de Burnay, qui conversus est Bonevallis. Hoc ipsum laudavit, apud Milleu, Maria de Milleu, soror Bosonis Rufi, et Desiderius filius ejus. Testes sunt Martinus de Prato et predictus Siboudus de Burnay.

326

FILIE Falconis Amblardi, Bonafilia et Aalgarda, dederunt... fratribus Bonevallis quandam terram... Petrarie, et habuerunt.. XIIII solidos, quos debuerunt participare tercie sorori sue Johanne... Testes et fidejussores sunt... predictarum mulierum Berlio de Bellagarda et Ademarus nepos ejus.... Testes Nantelmus Valloyri et Milo Cotarelz et Girbertus ministralis, qui itidem sunt testes de laude Nantelmi Valloyri, avi predictarum sororum.

327

PONCIUS de Bellagarla vendidit Nantelmo de Anjoldo sextam partem decime de Petraria et Nantelmus dedit... fratribus Bonevallis.., et habuit unum palafredum, qui appreciabatur ad minus L solidos.... Factum apud Jarceu, anno ab Incarnatione Domini millesimo Cᵒ. LXXᵒ. Iᵒ, mense aprili. Testes sunt... Raynaldus et Andreas conversi, Rollannus Bori et Isardus de Morasio, Guigo de Parzia et Petrus Asterii, Guigo Tolvons et Umbertus de Sonnay, Jarento de Anjoldo, et Arbertus ministralis et Vivianus de Revello... Nantelmus.. eis dedit inde fidejussorem fratrem suum Jarentonem.

328 [1]

IX. De dono Hugonis Porcel, in pedagio Ozere, et de

---

[1] *En marge :* La neufvième charte a été effacée exprès entière-

dono Gontardi canonici et Joffredi de Bar. et Giraldi de Rac., in pedagio Castri Novi.

329

..... Boschagium de Prumalayta, quod vocatur Perons, et alodia ejusdem... divisa... subjacebant : tercia enim pars hereditario jure subjacebat Asterio Permene de Prumalayta et Permenchinis. Agnes autem, uxor Gagonis, partem predicti Asterii jure pignoris habebat..... et dedit Bonevallensibus.... Illam partem quam possidebat Permenes, dedit Berlio filius ejus... Bonevallensibus...; laudavit... mater ejus Estiburs. De reliqua vero parte Permenchinorum dedit Villelmus de Voyrone....; de hac eadem parte Permenchinorum dedit... Nantelmus filius Ademari Gauterii... Pro investitura hujus doni, quod fecit Villelmus de Voyrone et Nantelmus filius Ademari, dederunt Bonevallenses eidem Villelmo tres solidos et duos Nantelmo, et de his habuit mater ejus duodecim denarios et Sibodus de Tornino sex.... De dono Nantelmi et de matre sua, que hoc laudavit, testes sunt Raynaldus et Berlio de Bellagarda, et Rostagnus de Brollo et Matheus de Amputeo... Relique due partes spectabant jure dominii ad Garinum de Prumalayta et ad fratrem suum Mallemum; et in his duabus habebat sextam partem Villelmus Usclas, et Johannes de Monjay et fratres ejus duodecimam partem, et Sihevonenses 12^{am}, Brunenses et Reges et Salomon de Valle Aurea. Garinus vero.. adquisivit partem predicti Salomonis... communem cum Regibus... Post

---

ment et on a gratté le parchemin, qui est beaucoup plus mince que les autres feuillets; elle se trouve cependant mentionnée dans la table de ce troisième cahier comme cy après :

mortem Garini, Raynaldus filius ejus se reddidit Bonevallensibus, et dedit eis... quicquid habebat in predicto
boschagio... Hoc laudavit Raynaldus de Sancto Theuderio, nepos ejus, et soror sua Maria.... Maria quoque,
soror ejusdem Raynaldi de Sancto Theuderio, laudavit...,
concedente..., marito suo Matheo : retinuit tamen ibi
duas vineas... supra domum Petronille Clavie.... De reliqua parte quam habebat predictus Mallenus, dedit filius
ejus Desiderius Malleni.... quantum se contingit. Mallenus
vero, frater ejusdem Desiderii, acceperat jam in feudo a domino Bornone de Revello illam partem que se contingebat
jure hereditario, et idem Borno dedit Bonevallensibus...;
laudavit uxor ejus Martha. Testes sunt... Guigo de Parzia,
Siboudus de Tornino et Borno Fenerator, et Matheus de
Amputeo et Raynaldus de Sancto Theuderio. Item Girardus presbiter et cognatus ejus Olgerius dederunt eisdem
Bonevallensibus quicquid..... se contingebat de jure
avunculorum suorum Malleni et Petri, filiorum Malleni...
Hoc laudavit mater Olgerii Emena. Testes..: Berlio de
Prumalayta... et Girbertus de Prumalayta, Andreas de
Chaponeyres et Durannus frater ejus.

330

POSTEA venit[1] domnus Hugo... Bonevallis abbas ad
grangiam de Petraria et ibi in manu ejus confirmaverunt
prescripta dona sua Villelmus de Voyrone, et Raynaldus
de Sancto Theuderio et Maria soror ejus, et Estiburs de
Prumalayta et Berlio filius ejus, et dominus Borno de
Revello et Martha uxor ejus.

---

[1] Ms.: venis.

331

In his etiam decimis querebat Vivianus de Revello
sextam partem, et similiter dedit eam ibidem Bonevallensibus...... Sunt testes..... Borno junior de Revello et Oliverius de Revello, et in invicem alii ex aliis illi ipsi qui
predicta dona fecerunt.

332

..... Medietatem omnium illarum rerum quas Villelmus
Usclas habebat in parrochia de Prumalayta, vendiderunt
Bonevallensibus Villelmus Hugonis et frater ejus Acnar-
dus, et Ricardus Collencs et gemini de Pineto, Borno et
Sibodus : ad istos enim venerat jure consanguinitatis...
Villelmi Usclas... Habuit Villelmus Hugonis... xxv soli-
dos, pacto quod debuit laudare Aaldis mater ejus et
Acnardus frater ejus... Dedit eis fidejussores dominam de
Bellovidere et filium ejus Drodonem... Testes sunt Rosta-
gnus de Colongiis et Rollanus de Bellovidere, et Clemen-
cia uxor Villelmi de Bellovidere et Berlio de Prumalayta...
Acnardus frater Villelmi Hugonis.... fidejussores dedit
Nantelmum de Falaverio et Achardum de Maneysseu, et
Maneysseu fescal de Pineto. Hoc fuit factum apud Fala-
verium. Testes sunt Petrus Eyrvars et Andreas Malarz,
Bonitus de Dumbis et Bonitus Calez... Predictus vero
Rycardus Collencs habuit pro parte sua 25 solidos, de
quibus dedit Guigoni de Parzia decem... Laudavit.. uxor
ejus Garina..., et... dedit fidejussorem Latardum de Pineto hospitalarium. Testes : Amedeus et Berlio de Prumalayta et Guigo de Challeu, hospitalarius. Unus vero de
predictis geminis, Borno scilicet, habuit pro parte sua
12 denarios et filius ejus Borno quatuor...... Testes.. :

Johannes de Cordone.... Sibodus frater predicti Bornonis...., laudavit..., et.... dedit fidejussorem Bernutium de Sancto Johanne... Postea quoque adduxit Borno Beldiam uxorem suam.., que laudavit.., et habuit sex denarios et duas restes alliorum et unam ceparum. Testes... Hugo Morarz.

333

GAUTERIUS vero de Curz, ad quem ex integro transierat alia medietas omnium rerum quas Villelmus Uselas habebat in parrochia de Prunalayta..., vendidit eam Bonevallensibus, pretio 78 solidorum ; et si plus poterat valere, id ipsum pro anima Villelmi Usela, a quo, mediante uxore ejusdem Villelmi, que fuit mater Gauterii, ad eumdem Gauterium venerat... Fidejussores dedit Bosonem de Vallibus et Pontium de Challeu et Berardum de Pineto. Hoc laudavit ibidem soror ejusdem Gauterii Blesmues, et filii ejus Andreas et Johannes et Gauterius (apud Curz). Testes.... Pontius Charrers et Petrus Granez, et filius ejus Martinus Granez et Boveti.

334

.... Gauterius de Curz.. in predicta venditione movit querimoniam Bonevallensibus, suggestione Petri Alamanni cognati sui.... Ismidonis de Septimo et Ademari Senioreti.. arbitrio posuerunt.....

335

ASTERIUS de Prunalayta dedit.... fratribus Bonevallis... se et fratrem suum Umbertum, et quicquid possidebant...... Et sciendum quod predictus Asterius, cum

perexit Jerusalem, habuit propter hoc a Bonevallensibus
20 solidos... Laudante hoc ipsum sorore sua.....

336

.... Bonevallenses redemerunt res quas Berlio de Prumalayta dederat eis XL. IX solidos, de quibus habuit Petrus
Clemens XXVIII solidos et Petrus Pelliparius XXI.

337

PETRUS Mastra de Revello vendidit... Bonevallensibus..
pratum... apud Prumalayta XV solidis. Dedit fidejussorem
Willelmum de Bellovidere. Hoc fuit factum in eodem castro.. Testes...: Sibodus de Tornino. Hoc pratum erat sub-
nexum pro XV solidis Petro Pellipario, quos... Rainaldus
(conversus) reddidit ei apud Revellum.

338

DOMINUS Drodo et Petrus Humberti laudaverunt Bonevallensibus quicquid habebant in rebus que fuerunt Willelmi Uselati, in tota parrochia et territorio de Prumalayta ; et ob hoc habuerunt ab eis XX solidos... Testes
sunt domnus Hugo abbas Bonevallis, et Sibodus monachus et Raynaldus conversus.

339

AMBLARDUS Raschaz et Berlio frater ejus dederunt Bonevallensibus quicquid.. habebant in rebus que fuerunt
Willelmi Uselati... Laudaverunt filii Berlionis... Factum
apud Sanctum Andream de Vienna... Testes...: Stephanus
Catena et Johannes de Sancto Claro.

340

Petrus Suspeyti movit querimoniam Bonevallensibus
in rebus que fuerunt patrui sui Richardi Collenc... : habuit xvii solidos et dedit... Laudaverunt omnes fratres
ejusdem Petri, cum matre sua... Fuerunt etiam fidejussores.... Villelmus de Lusennay et frater suus.

341

Stephanus Jareys et frater ejus Asterius dederunt
Bonevallensibus quicquid habebant in territorio de Pe-
ron... ; habuerunt xi solidos et dimidium baconem...
Dederunt... apud Revellum... fidejussores Chatbertum
Runcin et Rostagnum de Brollo. Testes....: Berlio de Pru-
malayta et Dalmatius et Desiderius Bussuns, Latardus et
Guigo de Challeu, hospitalarii..... Due partes continge-
bant Silvium Sievout, tercia autem Poncium D(ro)d(o) et
Chatbertum Grossinel.

342

In parte que contingebat, in boschagio et territorio de
Peron , Garinum de Prumalayta et Mallenum fratrem
suum, habebant duodecimam partem Brunenses et Reges....: Bonevallenses.. ad annualem censum trium
solidorum.... acceperunt ab eis. Testes...: Berlio de Prumalayta, Johannes Chatberti et Aymo Baucarz.

343

Willelmus Guenisii et nepotes sui, Willelmus Latardi
et Latardus, moverunt querimoniam Bonevallensibus... :
habuerunt....; inde promiserunt pacem. Hoc fuit factum

apud Pinetum. Testes sunt..... Giraldus Frances, Latardus hospitalarius, Silvio Gruers et Boso de Vallibus.

344

WILLELMUS de Voyrone dedit fratribus Bone Vallis ad cesam... quidquid habebat in parrochia de Prumalayta..... Postea vero, anno ab Incarnatione Domini M°.C°LXX°III°.., innexuit eis eandem censam jure pignoris.., apud Revellum.. ; et dedit fidejussores Ademarum de Bella Guarda et Martinum fratrem ejus. Testes : Chatbertus Runcins et Chatbertus filius ejus, Garinus Fenerator et Guigo filius suus, Burno Fenerator et Raynaldus de Sancto Theuderio....., Berlio de Prumalayta, Desiderius Boysuns et Aymo frater suus, Andreas de Chapuneres et Johannes frater suus, Petrus Randuins et Stephanus Espalas.

345

Ugo de Altaripa movit querimoniam Bonevallensibus de campo apud Moyseu sito, quem uxor fratris sui Humberti dederat eis... Tandem... solvit, et dedit fidejussores Petrum Guigonis de Pac, et Petrum Cementarium et Petrum de Altafay.

346

DESIDERIUS cognomine Sapiens habebat in vadio pro x solidis quartonem vinee Mallenensium, que est apud Prumalaytam, quos ei reddidit Raynaldus conversus : et sic solvit Bonevallensibus. Item Ademarus Bestenz 3 solidos pro gageria, et hos item reddidit Raynaldus apud Bellænguardam.

347

ITEM Desiderius Boysuns dedit Bonevallensibus hoc

quod tenebat ad censam a filia Johannis Armanni, in parrochia de Prumalayta....: Testes: Berlio de Prumalayta Petrus Randuins et Johannes de Deluns.

348

WILLELMUS Borelli, prior de Cordon, habuit a Bonevallensibus VIII libras pro decimis quas dedit eis in parrochia de Prumalayta......: Burno Fenerator habuit inde XV libras, de cujus jure erat predictas decimas querere et congregare.....; de hoc habuit etiam XX Chatbertus Runcinus; Drodo quoque de Bellovidere habuit inde XX solidos, ad quem quarta pars predictarum decimarum pertinebat jure dominii; Berlio etiam de Vireu habuit inde VII solidos, ad quem quoque quarta pars earumdem decimarum pertinebat jure dominii; Gualicia vero, uxor ipsius, XII denarios; Falco filius ejus, XII denarios; Raynaldus ministralis ipsius, XII denarios; Ademarus quoque de Bellaguarda, qui cum Berlione aderat, duos solidos inde habuit. Hic idem Ademarus fidejussor est datus. Hoc fuit factum apud Revellum, ubi hoc ipse Berlio et filius ejus Falco.. laudaverunt.... Testes sunt Umbertus de Parzeu et Boso de Piseu, Manasseus, Umbertus Gauterii, Malheus et Raynaldus de Sancto Theuderio.

349

GIRARDUS de Prumalayta, sacerdos de Chatunayo, nepos Mallenensium, dedit... Bonevallensibus quicquid habebat in parrochia de Prumalayta, et habuit XV solidos et unum mantellum. Testes sunt... Petrus Malleni et Berlio de Prumalayta.

350

EMENA, hujus Girardi amita, dedit Bonevallensibus

quicquid habebat in parrochia de Prumalayta et habuit
v solidos, et filia sua xii denarios; et laudavit apud Boceu ipsa et filia sua et filius ejus Otgerius... Testes...:
Richardus de Vellen.

351

Uxor Johannis Silvionis de Milleu donavit pro alodio
Bonevallensibus... nemus.... in parrochia de Prumalayta... Laudavit ipsa et filius suus, et Johannes Rex,
filie ipsius maritus,... Fidejussores sunt Lattardus de
Pineto et Fulco de Tornin. Testes...: Berardus de Pineto,
Othmarus Chatunnays, Morardus, Willelmus Gais et Stephanus Maynins.

352

Willelmus Ugonis movit querimoniam Bonevallensibus in rebus Willelmi Uscla... Tandem milites et burgenses de Revello..., cognoscentes injuste calumpniari..,
deffinierunt quatinus de pace tenenda... sacramentum
prestaret....

353

Jocerannus de Revel de eisdem rebus movit querimo-
niam, dicens de suo jure et dominio esse; tandem... pro-
misit pacem....: propter quod xviii solidos habuit......
Hujus placiti et suprascripti Villelmi Ugonis sunt testes
Burno de Revel senior et Falco de Challeu, Sibodus de
Tornin, Boso de Pisey, Humbertus de Parzei, Willelmus
Hugonis de Pinet, Burno Fenerator, Chatbertus Runci-
nus et Chatbertus de Revel et plures alii.

354

Nantelmus, filius Ademari Gauterii de Revel, dedit..

ad annualem censum... quicquid in .. Prumalayta jure,
genere aut hereditate dinoscitur possidere... Bonevallen-
sibus...., apud Revellum, in manu fratris Raynaldi....
Willelmus autem de Voyrone, cognatus ejus,... lauda-
vit....; Sibodus quoque de Tornin, avunculus ipsius....;
laudaverunt.. mater ipsius Ademari et sorores ejusdem...
Testes sunt Petrus de Bruel et Rostagnus filius ejus,
Chatbertus Runcinus et filius ejus, Burno Fenerator,
Sibodus de Tornin, Constantinus et Raynaldus de Sancto
Theuderio.

355

Domnus Burno de Revel.. dedit.. Bonevallensibus res
quascumque Permenes et Evrardus de Chapuneyres et
Giroldus Bruns ab eo tenebant..., in manu domni Hugonis abbatis... Hoc laudavit Burno nepos ipsius; uxor vero
domini Burnonis, Martha nomine, laudavit apud Revellum... Testes : Ugo Oltmari, Petrus Asterii, Berlio de
Prumalayta, Berlio Peyselz, Poncius de Challeu, Umbertus de Parzia, Sibodus de Tornin, Raynaldus de Sancto
Theuderio.

356

Dalmacius de Prumalayta dedit.. Bonevallensibus boschagium in terra et quicquid habebat in territorio de Du-
reto.... Laudavit Esparsius, uxor ejus.. Testes : Aymo de
Mongay et Aymo Boyssuns.

357

Petrus Guinarz dedit Bonevallensibus terram...., x solidis... Laudavit uxor ejus Latgarda et infantes ejus...
Fidejussores : Aymo de Mongay et Berlio de Prumalayta...

358

Petronilla Davia habebat quandam terram et quoddam pratum a Mallenensibus..., que frater Rainaldus x solidis redemit. Testes : Aymo de Mongay, Johannes Chatbertus et Petrus Randuins.

359

Nantelmus de Chattunnayo dedit... Bonevallensibus.., per manum domni Hugonis abbatis,.... quicquid habebat versus Petrariam... : habuit xx solidos et pro censa... Testes .. : Petrus de Falaverio et Willelmus filius suus. Ministralis quoque Nantelmi habuit xviii denarios.

360

... Oliverius de Revel, quando se ipsum in Bonavalle reddidit, dedit... quicquid habebat in tota terra de Muntmoyrin. Testes..: Burno de Revel senior et Burno nepos ipsius. Uxor quoque ipsius Oliverii, Bernarda, laudavit.

361

Eo quoque anno, Burno Fenerator de Revel se ipsum reddidit domno Hugoni abbati Bonevallis..., et dedit quod habebat in prefato territorio de Muntmoyrin... Hoc laudavit Garinus frater ejus et Petrus filius ejus bastardus, cui hoc ipsum antea dederat, sed escambio.. accepto laudavit.... Chatbertus quoque, filius Chatberti Runcini, nepos ejus, laudavit et est testis, et cum eo pater ejus et Chatbertus de Revel, Petrus de Boccu, et Xpistianus maritus filie ejus.

362

. Hugo de Corp, filius Hectoris, movit querimoniam Bonevallensibus in his que adquisierant a Willelmo de Voyrone, cognato ipsius, dicens ad se pertinere... quod sine herede mortuus esset. Tandem remisit..., et accepit... xxv solidos et uxor ejus unum caseum... Hoc fuit factum apud Petrariam, presentibus Ugone filio ejus et Bertranno de Revel, monachis Bonevallis, et Chaberto Runcino et Humberto de Parzia... Apud Revellum postea laudaverunt Galvanz et Guigo, filii ejus, per manum Humberti de Parzia, qui inter eos mediator extitit... Testes : Petrus Bornais de Revel, Petrus Rayniers, Hugo Chanutus...

363

Poncius Bruns, de Prumalayta, dedit.. Bonevallensibus ad censum quicquid habebat in parrochia de Prumalayta... Testes : Berlio de Prumalayta, Petrus Masuers de Tornin et Desiderius filius ejus, Johannes Berelmuns.

364

Humbertus de Parzia dedit Bonevallensibus.... apud Petrariam... sedem molendini et aqueductus... Testes... Bertrannus de Revel, Andreas de Vireu, Burno de Bellovidere...

365

Matheus de Revel et uxor ejus et filii uxoris, Burno scilicet et Bonitus, dederunt Bonevallensibus..... quicquid... habebant infra terminos crucis de Chavanneu... Fuerunt fidejussores uterque Burno de Revello, senior scilicet et junior,.... Testes... : Hugo Othmarus de Anjo, Hugo de Malavalle, Humbertus de Parzia, Martinus de Parzia, Siboldus de Tornins, Vivianus, Petrus Ovis et Petrus filius ejus, Chalbertus Roncinus, Andreas de Anjo.

366

SIBOLDUS de Tornins et Fulco cognatus ejus dederunt Bonevallensibus pascua...; et laudavit uxor ejus et filia uxoris. Testes : *les mêmes qu'au précédent acte.*

367

HUMBERTUS de Parzia dedit... Bonevallensibus pratum de Lesbroes..., pro censu v solidorum... Laudavit Martinus cognatus ejus. Testes : *les mêmes que cy dessus.*

368

BERLIO de Vireu movit querimoniam Bonevallensibus in decimis Petrarie... Tandem.. remisit..., et laudavit... Galicia uxor... et filii eorum, Guido et Humbertus... Testes..: Johannes de Ayreu, conversus Bonevallis, Siboudus de Vireu et tres filii ejus, Amedeus, Willelmus et Guifredus, Amedeus de Vireu et Guigo de Boschet, Aymo Artaldi et Siboudus Rostagni.

369

ANNO ab Incarnatione Domini M°. C°. LXXX°. I°, Guigo de Corp, petens recepi in domo Bonevallis, dedit duo prata et.. quamdam terram..., de qua debent Miloni fratri ejusdem Guigonis, quamdiu vixerit, cartallum avene... Laudaverunt... Anna uxor ejus, et Galvanus filius eorum et filia eorum Guigona.. Testes : Othmarus de Corp et Richardus de Sareyri, Willelmus Gagonis et Aschirius de Siureyo... Filii Guigonis, Galvanus et Guigo,.. fecerunt similiter, promitentes quod manutenerent..; et Umbertus de Parzia, a quo predictus Guigo de Corp tenebat duo prata, solvit...

370

HUMBERTUS de Parzia dedit.... Bonevallensibus pratum de Lesbroes, ad censum v solidorum..... Laudavit Martinus de Parzia, cognatus ejus,.... Testes... Burnones ambo de Revel, senior.. et junior,.... Siboldus de Tornin, Hugo Othmari, Ugo de Malavalle, milites, Petrus Ovis, pater et filius, Catbertus Roncinus junior, Raynaldus de Sancto Theuderio.

371

HUMBERTUS de Parzia et Martinus et Helisabeth, uxor Guigonis de Parzia, dederunt... Bonevallensibus molendinum et mulnare, quod ex nomine Guigonis de Parzia vocatur,.. ad censum.... Laudaverunt... (iidem) et soror Desiderii Sapientis, que filiam ipsius Desiderii, que sola ei superstes remansit, habebat in tutela..... Factum in manu Burnonis de Voirone.... Siboldus de Tornins, Vivianus, Chatbertus Runcinus, Petrus Raynerius, Gauterius de Tornins sunt testes et responsores ; sunt etiam testes Raynaldus de Sancto Theuderio, Petrus Curla, Beroardus, Petrus Ovis junior, Guigo de Costa, Andreas de Anjoldo, Humbertus de Sunnay, Hugo Othmarus, Johannes de Seuret.... Anno quo Willelmus de Bellovidere et Guigo de Rossillone ceperunt contra se bella gerere.

372

Petrus de Brolio et filius ejus Nantelmus et Otgerius dederunt... Bonevallensibus, in manu domni Hugonis ejusdem loci abbatis, quicquid habebant in prato de Fonte Gairat... Testes sunt Sibodus monachus Bonevallis et Raynaldus conversus, et Milo de Vienna. Hoc Vienne fuit factum, in domo Bonevallensium.

373

.... Berlio de Bellaguarda in extremis suis dedit... Bonevallensibus...., in manu fratris Raynaldi nepotis sui,....
sestarium frumenti.. quem... debebant ei pro censa, pro
rebus quas eis antea dederat.. Petrarie... Testes sunt
uterque Burno de Revello, avunculus videlicet et nepos,
Falco de Challiaco et Poncius nepos ejus, Oliverius et
Boso de Pyseio, Siboldus de Tornino et Chatbertus Runcinus, Rainaldus de Revello et Matheus. Postea autem
Ademarus de Bellagarda, nepos predicti Berlionis, dedit...
Bonevallensibus.. alium sextarium frumenti..., in manu
domni Hugonis abbatis... Testes..: Raynaldus et Andreas
de Petraria, Girbertus et Poncius de Montibus... Hoc
laudaverunt, apud Vyriacum, Algerda uxor Ademari et
Falco ejus filius, et Martinus frater Ademari et Rainaldus
nepos ejus. Testes sunt Petrus de Altafaya et W. nepos
ejus, Simfredus et Ademarus Bestens, Berlio Falconis et
W. Panis Frumenti et Durannus Lupus... Dedit postea Martinus de Bella Guarda, frater predicti Ademari,.... Testes
sunt.. Rainaldus et Matheus, Petrus de Altafaya, Girbertus
Languiri et Hugo Canutus, ministralis ejusdem Martini,...
Factum juxta ecclesiam de Bellaguarda. Item Petrus de
Altafaya, quando cum domino Drodone Jerosolimam ire
disposuit, dedit Benevallensibus sestarium frumenti quem
ei debebant...   ....

374

· PETRUS Vulbers dedit... Bonevallensibus, ad.. censum
12 denariorum, quicquid habebat in territorio de Prumalayta ex parte uxoris sue, filie Johannis Armanni..; et
Malachuns, frater ejus, laudavit... Factum apud Torni-

num, in domo Stephani Billm. Testes : Siboldus de Tornino et Falco de Tornino, Rainaldus et Matheus, Stephanus Billuns et Stephanus Correys, Petrus Masvers et Desiderius Boysuns.

375

PETRUS Bruns et fratres ejus, Johannes et Andreas, et Helena soror eorum dederunt... Bonevallensibus quicquid ad eos pertinebat de rebus Asterii..., ut eos de dominio Martini, qui eos nimis dure pertractabat, liberarent : propter hoc Bonevallenses dederunt predicto Martino xxx solidos ad emenda militaria arma, et ipse ipsos homines solvit a dominio... Item Johannes Carlebelz et fratres ejus, Pontius et Guido, dederunt Bonevallensibus.. quicquid.. ad eos pertinebat de rebus Asterii ad Prunalayta : propter hoc.. receperunt Johannem Carlebet in domo Bonevallis pro familiari. Item Asterius de Prunalayta, quando Jerosolimam perrexit, dedit quidquid ad eum de rebus Asterii, avunculi sui,..... Hoc laudavit Humbertus frater Asterii... Vinee predicti Asterii erant jure pignoris innexe Petro Clementis et Constantino de Revello pro 34 solidis.... Testes sunt Silvio presbiter, Johannes de Cordone, Andreas de Caponeres et fratres ejus Johannes et Durannus, Berlio de Prunalayta et Desiderius Boysuns, Petrus Randuyns, maritus sororis Asterii et Humberti,...

376

GARINUS Gilberti, quando se reddidit in domo Marnanti, dedit... Bonevallensibus, in manu domni Hugonis abbatis, campum de chastancrio retro grangiam de Petraria. Testes..... Burno de Revello et frater ejus Ademarus, Manasses et Boso de Pyseio, Falco de Tornino et Chatbertus Runcinus.

377

AGNES et filius ejus Guigo dederunt.. Bonevallensibus... quicquid... habebant in territorio de Montemoyrin... ad censam... Fidejussores.. Humbertum Bufavent et Humbertum de Parzia et Siboldum de Tornino... Testes..: Chatbertus Runcinus junior et Bonetus Poviot, Matheus et Vivianus.

378

MATHEUS, maritus Marie, movit querimoniam Bonevallensibus, super his que ipsi adquisierant ab ipso et a genere suo : quam tandem solvit, habitis 30 solidis. Propter hoc autem dederunt.., ipse videlicet Matheus et Bonitus et Burno et Maria mater eorum, quicquid habebant in territorio de Prumalayta, exceptis duabus vineis.... Fidejussores uterque Burno de Revello, avunculus scilicet et nepos... Testes.... Chatbertus Runcinus junior et Raynaldus de Sancto Theuderio.., uterque Petrus Ovis, pater et filius, Petrus Raynerius et filius ejus Guigo, Martinus et Humbertus de Parziá.

379

GALTERIUS de Curz, clericus, dedit Bonevallensibus quicquid.. habebat in territorio de Perone..; laudante hoc ipsum filio ejus Petro.

380

PETRUS Raygius, clericus, dedit Bonevallensibus quicquid habebat in territorio de Perone. Testes sunt Johannes de Cordone et Berlio de Prumalayta.

381

CHATBERTUS Bufavent in extremis suis dedit jure perpetuo Bonevallensibus, pro salute anime sue, in manu Bertranni monachi, mansum et chastanetum de Selvenes, laudantibus et confirmantibus hoc ipsum ibidem Petro filio Chatberti Bufavent et Agatha de Crespul, uxore sua. Testes sunt Chatbertus Runcinus, conversus, et Humbertus Bufavent, Falco de Challeyo et Petrus de Buciaco, Xpistinus Faber et Chatbertus Runcinus junior.

382

PONCIUS de Challiaco et Anglentina mater ejus reddiderunt Bonevallensibus Petrum fratrem predicti Poncii et filium Ayglentine, et propter hoc dederunt pascua per totam terram suam, ad usum omnium animalium de Petraria et in nemore de Barbarino. Factum apud Revellum, in manu Petri de Verevilla monachi... Testes sunt Burno de Revello senior et Oliverius de Revello, Boso de Pisiaco et Siboldus de Tornino, Petrus de Brolio et Chatbertus Runcinus.

383

OLIVERIUS de Revello, quando se reddidit domui Bonevallis, dedit pro salute anime sue Bonevallensibus quicquid juris habebat in nemore de Montemoyrino; et si forte filios suos absque herede mori contingeret, dedit eis..: quicquid habebat a rivo Dellonis versus villam de Prumalayta... Laudavit uxor ejus Bernarda. Factum apud Revellum, in domo Oliverii. Testes..: uterque Burno de Revello, avunculus et nepos, Fulco de Jaliaco et Petrus de Revello, uterque Chatbertus Runcinus, pater et filius, Boso de

Pisiaco et Rainaldus de Revello, Petrus Raynerii et Willelmus Archelaus.

384

.... Fulco et Siboldus, de Tornino, dederunt.. Bonevallensibus quicquid quoquo modo habebant apud Chaurcium, a via de Chavanaco usque ad revoriam Falconis Charrer....... Laudaverunt... Blayna uxor Fulconis et duo eorum filii, Fulco et Hugo...., in presentia domni Hugonis abbatis Bonevallis. Testes fuerunt Willelmus Guenisii, Willelmus Latardi et Latardus, milites..... Iterum dederunt et confirmaverunt. Testes...: Humbertus de Parzia, Chalbertus Runcinus, Raynaldus de Revello, et Burno et Bonitus nepotes ipsius, Rostagnus de Chalaysino. Post mortem vero predicti Siboldi, laudavit hoc.. Fulco de Tornino et filius ejus Fulco Bonevallensibus, in domo de Chaurz, anno ab Incarnatione Domini M°. C°. octogesimo VII^{mo}... Testes:.... Piseus clericus, Willelmus Vallezh de Bocosello.....

385

JOHANNES de Capella dedit Deo et Beate Marie et fratribus Bonevallis unam fassiam nemoris, quam de proprio alodio habebat apud Caurcium. Hoc donum fecit apud Capellam, quando iter assumpsit ad partes Jerosolimitanas.... Testes : Garnerius presbiter de Pisiaco, qui cum eo perrexit..., Siboldus et Fulco de Tornino, et Humbertus Guicardi, qui hoc laudavit.

386

. :. Willelmus Latardi de Pineto movit calumpniam Bonevallensibus, super dono quod fecerat eis Petrus Chal-

lens in nemore de Barbarino.. : tandem solvit, habitis
VII solidis. Testes sunt.. Guido de Morasio, Willelmus
Rostagni de la Fornachi, Fulco de Tornino, Falco de Cha-
leyo, milites, Petrus de Islata, Chatbertus Runcinus.

387

Burno Rufus et frater ejus Bonitus moverunt calumpniam Bonevallensibus super his que frater Rainaldus,
avunculus'eorum, conversus, adquisierat ab eis et a genere
suo.... ; tandem solverunt...., anno ab Incarnatione Domini Mᵒ. Cᵒ. LXXXᵒ. VIᵒ, quo Albertus de Turre accepit
castrum de Revello a duce Burgundie. Testes sunt....
Fulco de Tornino et filius ejus Hugo, Humbertus de Parzia, milites, Guigo de Vienna, Bonus Pars, Rostagnus de
Chalaysino et frater ejus.

388

Raynaldus de Revello movit chalumpniam Bonevallensibus, pro se et pro duobus parvis nepotibus suis, super
his que frater Raynaldus conversus adquisierat ab eis et
a genere suo ; tandem... solvit... et laudavit.. Sunt fidejussores Fulco de Tornino et Soffredus de Illino. Factum
apud Revellum.. Testes.... Berlio de Prumalayta et Desiderius filius ejus, conversi, Guido de Morasio, Humbertus
de Parzia, Falco de Challeyo, milites, Humbertus Asterii, Vincentius Pelliparius.

389

.... Petrus de Revello, miles, postquam de quadam
gravi infirmitate convaluit, dedit... Bonevallensibus...
quandam partem terre que est ad crucem de Sancto Quin-
tino. Hoc donum fecit apud Petrariam..., anno quo Ar-

bertus de Turre accepit castrum de Revello a duce Burgundie... Testes sunt Guigo de Sperenchia, Johannes de Tordone, Johannes de Leemis, Berlio de Prumalayta. Postea vero, veniens in Bona Valle fecit iterum, laudante filio ipsius Petro, cui domnus Hugo abbas Bonevallis fecit dare unam zonam et cultellum.

390

... Fulco de Tornino dedit... Bonevallensibus quicquid habebat in bosco de Javanniaco..., laudantibus Fulcone et Hugone, filiis predicti Fulconis... Testes sunt.. Burno abbas Alte Cumbe.... Acta sunt hec apud Bonam Vallem.., anno ab Incarnatione Domini M°. C°. octogesimo octavo.

391

ADEMARUS de Bella Garda dedit... Bonevallensibus quartam partem nemoris Mangie de Buerz.... Laudaverunt hoc, apud Bellam Gardam, ipse..., Fulco ejus filius atque Martinus frater predicti Ademari... Fidejussores dederunt Willelmum de Bellagarda et Isardum fratrem ejus. Testes sunt Johannes de Leems, conversus, Humbertus de Parzia, Guido de Moras et Latardus de Pineto, Humbertus de Sunnay et Hugo de Altaripa, milites, Guido de Puvillin, sacerdos, et Hugo Canutus, Berlio Langoyri et plures alii. Confirmaverunt tercio hoc donum apud Viriacum, in domo sua, ubi laudaverunt hec uxor ejusdem Ademari Algarda et due eorum filie, Stephana et Garcina.... Testes sunt Arbertus de Viriaco, et Berlio de Viriaco et Guido filius ejus, et plures alii. Acta anno ab Incarnatione Domini M°. C° LXXX° VIII°.

392

ADEMARUS Bestenz dederat ad annuam censam... fra-

tribus Bonevallis pratum... apud Petrariam... Postmodum
vero dedit..., laudante uxore sua et filio eorum Assayli,
necnon etiam et filia sua viroque ipsius Hugone Agnello...
Anno ab Incarnatione Domini M⁰. C⁰. LXXX⁰ VIII⁰, apud
Bellamgardam... Sunt testes Guigo de Perenchia et Johannes de Leems et Latardus de Pineto.

393

Milo de Somonz, quando (se) reddidit in Bonavalle loco
familiaris, donavit... pro alodio quicquid juris habebat in
toto territorio de Prumalayta. Hoc donum laudavit Guigo
de Corps, nepos ejus. Testes : Guigo de Perenchia et Johannes de Leems, Johannes de Cordon et Berlio de Prumalayta, conversi, Johannes Boysuns, redditus, et Desiderius Boysuns et Poncez.

394

Filie Rogonis de Revello, Galiana et Huga, habebant
prope Petrariam parum terre... ex jure patris sui. Partem
Hugone emit ab ea Humbertus de Parzia, cognatus ejus,
laudante viro ejus Hugone Vererio ; quam postmodum
donavit ipse Humbertus fratribus Bonevallis.... Partem
Galiane donavit ipsa predictis Bonevallensibus.... Humbertus de Parzia, propinquius earum, datus est fidejussor
et Andreas de Chaponeyres, et Durannus et Johannes
fratres ejus, et Chatbertus Runcins. Laudaverunt postea
apud Revellum predicta Huga et Hugo maritus ejus.
Testes sunt Poncius de Delun, Chatbertus Runcins et
Dalmatius.

395

Domina Joheta, uxor Willelmi de Bellagarda, et Ysardus frater ejusdem Willelmi donaverunt Deo et fratribus

Bonevallis, pro anima ejusdem Willelmi, unum sextarium frumenti annuale...... Testes sunt Hugo de Bellagarda, Nantelmus Aesmars, milites, Hugo Canutus, W. Panis Frumenti, Petrus Cementarius et Abbas filius ejus. Hoc ipsum fecit Ysardus, ex parte sua et uxoris predicti W., in manu Hugonis abbatis.... Presentes fuerunt Ervisius de Bellovidere, Lattardus de Pineto, Nantelmus de Bellagarda, Guifredus de Muncuc. Actum anno ab Incarnatione Domini Mᵒ. Cᵒ. XCᵒ. I. Item tercio laudaverunt.. predictus Isardus et Aynardus de Tollins, maritus domine Johethe, que fuit uxor supranominati W. de Bellagarda, anno ab Incarnatione Domini Mᵒ. Cᵒ. XCᵒ. IIᵒ... Laudatores.. Hugo Canutus et Albertus, qui erant ministrales, Guigo Amblars, Berlio Langori....

396

NANTELMUS de Sancto Laurencio movit calumpniam Bonevallensibus in bosco de Barbarins, ex dono Poncii de Challeu et Aygletine uxoris ejus....; et remisit apud Pinet... Testis vero et fidejussor de pace est Drodo de Bellovidere. Super hoc movit calumpniam et Berlio de Vireu, qui.. solvit eam......

397

... Fulco de Tornins et Syboudus cognatus ejus dederunt Deo et fratribus Bonevallis.. quicqι.id habebant apud Chavaneu : propter hoc dederunt Fulconi x solidos. Partem vero Syboudi a Drodone de Bellovidere de x solidis redemerunt...

398

ENGEIELDA de Prumalayta in extremis suis dedit Deo

et fratribus Bonevallis, pro salute anime mariti sui et duorum suorum..., hoc quod habebat in bosco de Perun... de proprio alodio suo... Hoc fecit apud Prumalayta, in domo sua.. Testes... Aymo de Muntgay, Humbertus de Prumalayta, Stephanus Jares, Armannus de Tercina, Aymo Foyset, Andreas de Capuneres et Petrus frater ejus. Actum anno ab Incarnatione Domini M⁰. C⁰. XC⁰ I⁰.

399

ERMENGARD de Prumalayta vendidit fratribus Bonevallis terram quam habebat ad com'a de Perun... Fidejussor est Johannes Chaboudi, frater ejusdem mulieris, qui ab ea missus est ex parte ipsius et duorum filiorum suorum. Testes : Guigo de Perenchia, Johannes de Leems et Berlio de Prumalayta.

400

AESMARS Bestens de Bellagarda, infirmitate correctus, se reddidit in Bona Valle deditque.... gageriam quam habebat a Guigone de Corp, pro xxx solidis.... Testes.... Benedictus de Bellevidere, Johannes de Gerbolez.., Arnouz Viannez de Royas, Aesmars Cotareuz de Bellagarda, Johannes Boches de Bellovisu, W. de Tornone... Hoc... laudaverunt.... Hugo Agneuz, qui filiam ejus habebat uxorem, Nantelmus de Bella Garda, nepos ipsius, Latardus de Pineto et W. frater ejus. Hoc ipsum donum confirmaverunt hii predicti milites eodem die, in manu domni Hugonis abbatis Bonevallis... Actum anno ab Incarnatione Domini M⁰. C. XC⁰ II⁰, die kalendas augusti. Huic dono addidit unum curtile...., III kalendas aprilis, anno ab Incarnatione Domini M⁰. C⁰. XC⁰ III⁰.. Unde testes sunt Falco monachus, frater Fulcherius, W. Scopharius, Andreas de Hospicio, Armannus Bechimeyl.

401

Guigo de Challeu movit querimoniam fratribus Bonevallis in bosco de Barbarins....; hoc laudavit.... ipse et mater ejus Agnes, apud Revel. Testes sunt Vivianus et Joffredus de Illin, milites, Rostagnus de Chalaysin, Burno Rufus et Humbertus Bufavens. Actum anno ab Incarnatione Domini M°. C°. XC. III°.

402

WILLELMUS Latardi de Pineto fecit injuriam fratribus Bonevallis super pascuis nemoris de Barbarins...; et confirmavit predictus Willelmus bona fide, apud Pinetum.... Testes... Petrus de Sancto Marcello, Falco Rufus et Ysardus filius ejus, Hugo Agnelli et Stephanus Carduns. Actum anno ab Incarnatione Domini M°. C°. XC° III°, mense aprili.

403

LXXXIIII. DE CALUMPNIA PETRI CHABERTI REMISSA.

PETRUS Chaberti movit calumpniam Bonevallensibus in hominibus de Chapuneres, dicens se in eis habere custodiam; tandem pro hac calumpnia sopienda habuit a Bonevallensibus XLIII°r solidos. De pace hujus rei (testis) est Vivianus [1].

---

[1] N². Cette charte, qui se trouve au bas du dernier feuillet de ce Cartulaire n° 2, annonce qu'il y manque beaucoup de feuillets : ce qui se vérifie par la table qui est au commencement de ce troisième cayer, dans laquelle toutes les chartes sont mentionnées par numéros en chiffre romain et dans laquelle est fait mention de plusieurs chartes comme cy après.

404

LXXXV. De dono Willelmi de Porta.

405

LXXXVI. De dono Petri Georgii.

406

LXXXVII. De calumpnia Amblarde de Siureu remissa.

407

LXXXVIII. De dono Susanne de Prumalayta.

408

LXXXIX. De dono Poncii Challeberti.

409

XC. De dono Agathe.

410

XCI. De dono Willelmi Symonis.

411

XCII. De dono Hugonis Annelli.

412

XCIII. De calumpnia Guigonis de Corp remissa.

413

XCIIII. De calumpnia Guidonis de Viriaco remissa.

414

XCV. De dono Gaufredi Othmari et Ervisii fratris ejus.

415

xcvi. De querimonia Fulconis de Tornino remissa.

416

xcvii. De dono domine Agathe de Revello.

417

xcviii. De dono domine ducisse[1] et Andree Dalfini, filii ejus.

418

xcviiii. De dono Soffredi de Illino.

419

xcx. De dono Esparsuy de Prumalayta.

420

c. De calumpnia Johannis Rivet remissa.

421

ci. De querela Guigonis de Challen remissa.

422

cii. De querela Petri Ovis remissa.

423

ciii. De dono Humberti de Parzia.

424

ciiii. De eschambio quod fecerunt fratres Petrarie cum hospitalariis de Moyseu.

---

[1] Béatrix, remariée au duc de Bourgogne, Hugues III († 1192).

425

cv. De dono Drodonis de Bornay.

426

cvi. De querela Humberti Marchiant de Albione remissa.

427

cvii. De dono Villelmi abbatis Sancti Petri Vienne, de
decimis terrarum que sunt inter terminos de Muschillon
et de Chaeurz.

428

cviii. De dono Poncii prioris Sancti Julini, de prato
della grangi.

APPENDICE

429 [1]

DE DONO GUIGONIS COMITIS UXORISQUE EJUS.

Notum sit omnibus tam presentibus quam futuris,
quod Guigo comes et Matildis uxor ejus dederunt
quandam condaminam fratribus Bonevallis, in parrochia
Sancti Saturnini, juxta aquam Velciam, pro sua suo-
rumque salute : que terra, antequam coleretur, nulli fere
erat apta usui. Dederunt quoque eis percussum et pascua
per totam terram suam, in silvis et in agris, ad ipsis
alpibus usque ad Rodanum. Insuper dederunt eis alpem
unam ad estivandas suas oves, que vocatur Chalmencuns.
Testes : Guigo de Domina et Remundus frater ejus,
Hector de Valboncis, Stephanus capellanus, Mallenus de
Mota, Petrus Chatberti de Savel. Supradicta vero alpis
de Chalmencuns terminata est, in presentia Matildis regine et in presentia Johannis, abbatis de Bona Valle, et
duorum fratrum, Villelmi Opilionis et Villelmi de Mura :
ab oriente, a quadam rupe que vocatur Berad, sicut aqua

---

[1] Archives de la préfecture de l'Isère, fonds de Bonnevaux,
charte-notice originale sur parchemin; le titre ci-dessus en tête et
en rouge; au dos : *Donum comitisse de alpe de Chalmencon*
(XIVe s.); *Non est reg(istrata), quia non est necess(arium) et simile
est reg(istratum)* ; env. *1130*.

pendet usque ad rivum Rosset ; a meridie descendit
usque ad stratam que exit a Cartusia et vadit ad castrum
Cornilionem, quam stratam sequitur ab occidente usque
ad ponticulos et ascendit usque ad ruppem que vocatur
Estreil, et pervenit usque ad terram fratrum Calisiensium
et inde venit usque ad monticulum qui vocatur Coche.
Testes sunt Beroaldus, ministralis terre, et nepos ejus
Rostagnus, Guigo Richardi, subministralis. Hec omnia
supradicta dona laudaverunt Guigo Delfinus et uxor ejus,
et Humbertus Podiensis episcopus, frater ejus. Insuper
pratum quoddam, quod censualiter in perpetuum dederat
pater eorum apud Vallem Auream. De dono Guigonis
Delfini et uxoris ejus testes sunt Matildis mater ejus,
Petrus de Visilia, Stephanus capellanus, Odo de Valbunneis, Nantelmus de Connet, Petrus Chatberti, Artoldus
Ermellenz. De dono episcopi Aniciensis testes sunt Mallenus de Balma, Jarento frater ejus, Rostagnus de Cornilione.

430 [1]

COMPOSITIO FACTA INTER BONAM VALLEM ET NOS DE QUIBUSDAM.

Notum sit omnibus presentibus et futuris quod, cum
questio versaretur inter domos Bonevallis et Cartusie, ad hanc discordiam sopiendam et pacem reforman-
dam domnus Hugo, abbas Bonevallis, et Burno, prior
ejusdem domus, venerunt Cartusiam. Fratribus ergo Car-

---

[1] Mêmes archives, fonds de Bonnevaux, copie du XIII⁰ siècle sur
parchemin, provenant de la Grande-Chartreuse ; au dos : *Copia
c-onis facte...* (comme ci-dessus) ; *Transcriptum... concordie inter
nos et Bonevallenses pro monte de Chialmenson.* — En juin 1303,

tusiensibus terminos suos liberos habere volentibus, e diverso autem Bonevallensibus, rem de qua questio agebatur sui juris esse dicentibus, talis tandem compositio inter eos, Deo disponente, processit. Domus Bonevallis terminos possessionum Cartusie, sicut Cartusienses fratres melius bona fide intelligunt, laudat atque cognoscit : scilicet a Folliolo ad Januarium et a Januario sicut alpes vergunt contra Provaiseu usque ad meridianos fines chalmete Gantelmi, et inde usque ad rupem super fornellum sicut pendet versus boream, et inde usque ad Berard......, usque ad Cochetam et a Cocheta ab orientali plaga usque ad crepidinem de Barard, et iterum a Cocheta ab occidentali plaga usque ad Foliolum de Urtieriis...... Proinde ad horum omnium perpetuam firmitatem, cartam hanc per alphabetum divisam iiii^{or} sigillis, domini videlicet Viennensis archiepiscopi, domini Johannis Gratianopolitani episcopi, Bonevallis quoque atque Cartusie, utrique parti muniri complacuit, et sic una pars in domo Bonevallis, altera vero apud Cartusiam in testimonium conservaretur. Acta sunt hec apud Cartusiam, in presentia Guigonis Augustensis episcopi, Hugonis Bonevallis abbatis, Willelmi Leoncelli abbatis, Jocelmi prioris Cartusie. Testes sunt : ex parte Bonevallis, Burno prior

---

l'évêque de Grenoble G(uillaume) vidima un acte récent, dont voici un court extrait : « Nos frater A(ndreas), dictus abbas Bonevallis, Viennensis (diocesis), Cisterciensis ordinis, et conventus ejusdem loci, notum facimus universis presentes litteras inspecturis, quod anno Domini M° tricentesimo secundo, frater Johannes, conversus noster et magister ovium nostrarum, contra compositionem que extat inter nos et Cartusienses super pascuis montanee de Chalmenzon immisit in dicta montana capras nostras et..... : in qua immissione dictum conversum fatemur errasse. Datum anno *predicto*, mense octobris. » (Orig. aux mêmes arch.)

Bonevallis, Giroudus ejusdem domus monachus, Otmarus
et Arltoldus de Voissent, conversi ; ex parte vero Cartu-
siensium, Hugo prior Excubiarum, Laurentius prior Va-
lonis, Petrus prior de Pomers, Chatbertus prior de
Ardua ; de monachis autem ejusdem domus, Guigo olim
prior Cartusie, Petrus Bermundi, Petrus Gratianopolitanus, Guitfredus procurator, Villelmus de Augusta, Bovo,
Stephanus, Garnerius, Willelmus Baudens, et Amedeus et
Robertus novicii ; de conversis vero, Petrus de Ostranz,
Rainaldus Unguinus, Petrus de Sancto Genesio, Giraldus
de Podi, Bosonis, Johannes, Pontius, Aymo Payans,
Teodericus etiam conversus de Silva et Willelmus Gentilz, conversus Excubiarum. Hanc cartam uterque conventus laudavit, tam Bonevallis quam Cartusie. Acta sunt
hec omnia et scripto commendata, anno ab Incarnatione
Domini M°. C°. LXXX° V°, in mense maio, x° kalendas
junii.

431 [1]

CONFIRMATION PAR ANDRÉ DAUPHIN AUX MOINES DE
   BONEVAUX DE TOUTES LES CONCESSIONS DE SES
   ANCETRES QUI SONT ICI ESPECIFIÉES.

NOVERINT omnes tam presentes quam futuri, ad quorum noticiam presens carta pervenerit, quod ego
Andreas Delphinus, Albionis et Vienne comes, approbo et

---

[1] Transcription due à l'obligeance de M. Edmond Maignien ; aux
archives de la préfecture de l'Isère, fonds de Bonnevaux, se trouve
une expédition partielle (jusqu'aux mots *atque molestia*) de cette
charte, délivrée par « Michael Francisci, Valentin. et Dyensis canonicus, officialis curie Viennensis,... sigillo felicissime recordationis
dom¹ Andree Dalphini, Albonis et Vienne comitis condam, sigilla-
tam... Dat. vj° idus octobris 1316 ».

confirmo omnes donaciones quas domina ducissa mater mea omnesque predecessores mei domui Bonevallis usque ad hanc diem donaverunt. In primis concedo et confirmo donum quod Guigo comes et Matildis uxor ejusdem eidem domui dederunt, scilicet quandam contaminam que est juxta aquam Velchiam, in parrochia Sancti Saturnini, et percursum et pascua per totum comitatum Albionensem. Item confirmo et concedo predicte domui alpem illam que dicitur Chalmencus[1], ad estivandas oves suas, ita quod nullus alius in eisdem pascuis animalia sua ad pascendum possit inducere; que scilicet alpis terminata est, in presentia Matildis[2] regine et domini Johannis abbatis Bonevallis primi, ab oriente a quadam rupe que vocatur Berad[3], sicut aqua pendet usque ad rivum Rosset, a meridie descendit usque ad stratam que exit a Cartusia et vadit ad castrum Cornilionem, quam stratam sequitur ab occidente usque ad ponticulos et ascendit usque ad rupem que vocatur Estreit, et pervenit usque ad terram fratrum Calisiensium et inde venit usque ad monticulum qui vocatur Coche. Item concedo et confirmo ut in alpe illa que dicitur Conessa Bonevallenses animalia sua possint inducere ad pascendum quandocumque voluerint absque ullius impedimento, contradictione, exactione atque molestia. Item dono et confirmo quadraginta sextarios frumenti ad mensuram Romanis, qui debent reddi singulis annis jam dicte domui apud Sanctum Donatum, in festo sancti Michaelis. Item dono et confirmo domum Ferreacuri, que est apud Mantulam, liberam et

---

[1] Var. *Calmencus*.
[2] Var. *Maltidis*.
[3] Var. *Barad*.

absolutam ab omni censu et usatico. Item dono et confirmo eisdem Bonevallensibus pedagia, leidas et omnia
usatica de propriis rebus ipsorum et de his quas vendunt
vel emunt, tam in terra quam in aqua, per totum comitatum Albionensem et in quantum potestas sive dominium
meum extenditur. Preterea dono, concedo et confirmo illa
omnia que eadem domus ab antecessoribus meis quocumque modo adquisivit et que in presenti die possidet, et
omnia que de feudis meis acquisivit vel de cetero acqui-
rere poterit, salvo censu si quid in ipsis rebus mihi de-
betur. In testimonium hujus mee donationis, concessionis
et confirmationis omnium predictorum, presentem cartam
sigilli mei munimine roboro et confirmo. Quicumque
autem, sive de successoribus meis sive de alienis, contra
hec omnia quocumque modo venire presumpserit, indigna-
tionem et iram Dei Omnipotentis et beate virginis Marie,
et omnium sanctorum et nostram se noverit incursurum.
Actum est hoc in domo Bonevallis, in claustro monachorum, in presentia domini Johannis archiepiscopi Viennensis et Desiderii Diensis episcopi, Falconis abbatis
Bonevallis, Petri prioris, Pontii de Podio, Jocelmi infir-
marii, Mathei grangiarii, Petri cellerarii, Johannis Archa-
dos, monachorum Bonevallis, Amedei de Miribel, canonici
Viennensis, Guidonis de Bocosel, Villelmi de la Balma,
Oberti Aurue mareschal, Petri de Chamino, Johannis
Belleni, Johannis Opilionis, Petri Nospitali, Chaberti Chaboudi. Datum anno ab Incarnatione Domini M° CC XX°
secundo, in octavis Omnium Sanctorum, per manum
Petri de Chamino, camerari nostri.

432 [1]

Nos frater Guillelmus, permissione divina humilis abbas Bonevallis, Cisterciensis ordinis, Viennensis dyocesis, et nos frater Guido prior, Bernardus cellararius major, Gauterius de Anieris, Berlio portarius, Stephanus de Sancto Marcello, Bartholomeus de Lugduno, Gregorius subprior, Andreas operarius, Johannes saxpista, Johannes de Montelupello, juvenis procurator, Gauterus subcellararius, Johannes de Cors, Guillelmus de Sancto Theuderio, Jacobus de Sancto Sabino, Stephanus de Sancto Theuderio, Guillelmus de Rupis, Johannes de Paris, Guillelmus infirmarius, Petrus de Protheys, Petrus de Burg., Guido de Burg., Johannes de Bornay, Aymo de Pannosas, Aymo de Frontonas, Johannes de Brissiaco, Martinus de Brissiaco, Vincencius de Sancto Johanne de Bornay, Petrus de Chapeyo et Stephanus de Varey, monachi monasterii Bonevallis predicte. Notum facimus universis presentes litteras inspecturis quod, cum venerabilis, in Xpisto pater frater Adam, quondam predecessor noster dicti abbatis, ad honore Dei et beate Marie virginis gloriose, construxerit quamdam ecclesiam in quodam loco qui dicitur Establins, prope Chatonnay, Viennensis diocesis, in fundo proprio et propriis expensis abbatie nostre; nos dictus abbas et monachi predicti, divina cultu augmentari cupientes, ipsam ecclesiam perpetuo de bonis dicte abbacie dotamus prout sequitur. Volumus enim et concedimus quod rector dicte ecclesie, qui pro tempore fuerit, perpetuo de bonis nostris habeat pro victu suo et

---

[1] Copie due à M. Edmond Maignien.

vestitu et ad opus sue familie hec que sequuntur annuatim : videlicet quatuor sestaria frumenti et sex sestaria siliginis, ad mensuram Vienne, solvenda rectori dicte ecclesie singulis annis apud Establins, in festo Exaltationis Sancte Crucis, mense septembris ; item sex libras Viennenses vel monete currentis, solvendas annis singulis in festo Nativitatis Domini ; item triginta jornalia seu fossoyriatas de vineis, quas habemus apud Establins seu prope Establins ; item duas seytoriatas prati et decem sestariatas terre ad mensuram Vienne, et quandam plateam seu pedam juxta dictam ecclesiam, in qua possit rector dicte ecclesie construere seu construi facere domum : que platea seu peda habeat et habere debeat viginti cannas in longum et viginti cannas in amplum ; item quod rector dicte ecclesie, qui pro tempore fuerit, habeat ad opus sui et familie sue et scindat seu scindere faciat, et sibi habere liceat ligna in silvis et nemoribus dicte abbatie, sitis in perrochia dicte ecclesie, et eisdem utatur et uti sibi et familie sue liceat ut superius est expressum ; item volumus et concedimus quod rector dicte ecclesie, qui pro tempore fuerit, habeat perpetuo et percipiat ratione dicte ecclesie omnes fructus, proventus et obventiones que sibi obvenire poterunt ratione confessionum seu penitenciarum, legatorum et visitationum perrochianorum utriusque sexus, qui nunc sunt et qu pro tempore fuerint in perrochia et infra perrochiam ecclesie supradicte. Retinentes nobis et successoribus nostris, ratione juris patronatus quem in dicta ecclesia habemus, omnes oblationes, fructus, proventus, exitus, obventiones, et omnia alia et singula jura quas, quos, que rectores ecclesiarum Viennensis dyocesis in ecclesiis suis percipiunt et consueverunt percipere et habere. Hoc acto expresse quod idem rector solvat jura episcopalia et solvere teneatur; item retinemus in predictis duabus seytoriatis prati sex denarios, et in dictis triginta fossoriatis vinee duodecim den., et in dicta platea seu peda sex den., et in dictis decem sestariatis terre decem meyteria siliginis censualia, nobis nostrisque successoribus persolvendis ratione dominii annuatim. Que omnia et singula supradicta nos dictus abbas et conventus, in virtute religionis nostre, promittimus per nos et successores nostros bona fide nos tenere, attendere et servare, et contra per nos vel per alium non venire. Verum nos Guido, miseratione divina Sancte Viennensis ecclesie archiepiscopus, recognoscentes omnia et singula supradicta esse vera et ad utilitatem et honorem nostre Viennensis ecclesie esse facta, ea omnia et singula auctoritate ordinaria laudamus, approbamus et eciam acceptamus. In quorum supradictorum testimonium et perpetuam firmitatem, nos dictus archiepiscopus et nos dictus abbas, pro nobis et conventu nostro, sigilla nostra apponi facimus huic carte. Datum die lune ante festum beati Anthonii, mense januarii, Anno Domini M° CC° LX X° octavo (16 januarii 1278).

INDEX ALPHABETICUS

PERSONARUM, LOCORUM, RERUM

[*Les chiffres non précédés d'un* p. *(page) renvoient aux numéros des* Chartes ; *le trait* (—) *supplée à la répétition des lettres intermédiaires du mot. Les localités dont le département n'est pas indiqué appartiennent à celui de l'Isère*].

AALARS (Soffredus), 49.

AALAYS, mater Besancunæ, 72.

AALDIS, mater, 332 ; — uxor, 37, 43, 158, 174.

AALGARDA, filia Falc. Amblardi, 326.

AALIS (Sibodus, filius Duranni), 125.

ADAM, abbas Bonævallis, 432.

ADELA, mater Melioris, 7, 16.

ADEMARI (Villelmus), 216, 234-5, 246.

ADEMARUS, decanus Cluniacensis, 207 ; — prior de Mantula, 151, 202 ; — sacrista Cluniacensis, 264.

ADO, abbas S¹ Petri de Vienna [1175-80], 140 ; — testis, 291, 314.

ADOARDI (Petrus), 45, 78, 96, 130, 291.

AENA, mater, 35 ; — matrona, 25.

AENARDUS, filius 380 ; — frater, 332.

AENDRICI (Petrus), 145.

AESMARI (Petrus), 73.

AESMARS (Nantelmus), 395.

AGATHA, donatrix, 409 ; — uxor, 107, 284.

Aggere (Anselmus de), 177.

AGNELLI, Agnellus (Hugo), 392, 402.

AGNEUZ (Hugo), 400.

AGNES, uxor Montars. 286 ; — Gag., 329.

AGNINUS (Petrus), 287.

Aia, nemus, 196 ; — (Guigo de), 231, 244, 246 ; — (Sigibodus de), 241. = Aya.

AIMARI (Girardus), 76.

AIMINI (Petrus), 162.

AIMO (Villelmus), 191, 193, 218.

AINARDUS, prior de Bugis, 199.

ALACIS, mulier, 282.

Alaeu (Iterius de), 229.

ALAMANNI (Berlio), 217 ; — (Bernardus), 93 ; — (Guillelmus), 242 ; — (Haimo), 318 ; — (Petrus), 169, 334 ; — (Villelmus), 255, 260-1-2 ; — (W-s), 279, 281, 301.

ALAMANNUS (Aimo), 317 ; — (Falco), 180.

Alba Ripa, Rippa (Aquinus de), 300 ; — (Asterius de), 30 ; — (Berlio de), 153, 201 ; — (Bollat

GALCHIS (Barnardus), 100 ; — (Johannes), 83, 85, 100.

GALDACUIS, mater Mariæ de Burnay, 59.

GALICIA, mater, 60 ; — uxor Berlionis, 55.

GALIOZ (Girardus), 110.

GALVANNUS, 294.

GALVANUS, 360.

GANTELMI (Chalmeta), 430.

GARCINI (Guido), 43.

GARDA (Armannus), 277, 309.

Garda (Humbertus de la), 71 ; — (li), locus, 71.

GARINA, uxor Rogonis, 46.

GARINI (Lambertus), 185 ; — (Nantelmus), 26.

GARNERII, Garnerius (Uldricus), 113, 115.

GARNERIUS, 430 ; — presbiter de Pisiaco, 385.

GASCONS, remissor, 137.

GAUTERII (Ademarus), 329, 354 ; — (Johannes), 65 ; — (Nicholaus), 93 ; — (Petrus), 139 ; — (Umbertus), 95, 120, 348.

GAUTERIUS, 79, 80 ; — scriptor, 49.

GAYS (Petrus), 107.

Gemenz (Andreas de), 49. — Gemens, cᵒ d'Estrablin.

GENEVES (Christianus), 106.

GENISIUS, frater Melioris, 7, 16.

GENTILZ (Willelmus), 430.

GEORGII (Petrus), 405.

Gerbolez (Johannes de), 400.

GERENTONIS uxor, 195.

Geria (Guigo de), 92.

GETSUARA, mulier Rost. de Colunces, 46.

GILBERTI (Garinus), 376 ; — (Silvio), 190.

GILINÆUS (Hugo), 248.

GILLIBORGA, mater Rostagni Caurelli, 23.

GIRALDI (Albertus), 279.

GIRALDUS (Bartholcmæus), 319.

GIRARDI (Arbertus), 267-8-9, 283 ; — (Willelmus), 34, 94-5, 102, 130, 169, 204.

GIRARDUS, capellanus de Chatunnay, 106 ; — presbyter, 329.

GIRBERTI (Garinus), 241-2, 246, 249, 255 ; — (Petrus), 242, 259 ; — (Silvio), 196, 203, 205, 207.

GIRBERTUS, ministralis, 326.

GIRINI (Willelmus), 71.

GIROLDI (Guigo), 485.

GIROLDUS, minister, 17 ; — (presbyter de), 483 ; — (Bernardus), 68.

GIRONCLOS (Armannus), 185.

GIROUDI (Villelmus), 252.

GIROUDUS, abbas Vallis Crescentis, 50 ; — monachus Bonæ Vallis, 430.

Girunnay (Hctmarus de), 96. — Gillonay.

GISIAMARS (Andreas), 172.

GITFREDUS, miles, 300.

Givore (de), 200.

Givorre (Petrus de), 294.

GOCEWINUS, abbas Bonæ Vallis, 6, 28, 217, 219, 234, 240, 242, 244-5-6, 270 ; — abbas Cistercii [1152-5], 85, 154-5.

GONTARDI (Johannes), 42.

GONTARDUS, canonicus, 328.

GOSERS (Hugo), 309.

GOTAFRIDUS, testis, 80.

GRANEZ (Petrus), 123, 333.

GRAS (Bernardus), 69 ; — (Humbertus), 51.

Gratianopolitanus decanus, 274 ; — episcopus, 430. — Grenoble.

GREGORIUS, subprior Bonævallis, 432.

GRIENNAY (Hugo), 51.

GRISOGONUS, cardinalis ac biblioth., 7.

GROSERZ (Hugo), 63.

GROSSINEL (Chatbertus), 344.

GRUERS (Silvio), 343.

GUAGO, clericus de Moraz, 233 ; — miles, 233.

GUENIS (Willelmus), 95.

GUENISH (Willelmus), 46, 93, 97, 343, 284.

GUENISIUS (Barnardus), 101.

GUERS (Guigo), 322 ; — (Humbertus), 308.

GUIAS (Arbertus), 170, 180.

GUICARDI (Humbertus), 385.

GUICHARDI (Bernardus), 251.

GUICHARDUS, 76 ; — primas Lugdunensis [1165-80], 2.

GUICHUNS, testis, 80.

GUIDO, archiepiscopus Viennensis [1088-1119], 141 ; — canonicus, 301 ; — cardinalis et can.

www.ingramcontent.com/pod-product-compliance
Lightning Source LLC
Chambersburg PA
CBHW070624100426
42744CB00006B/596